T0169766

DU MÊME AUTEUR

– *Deux cartésiens. La polémique entre A. Arnauld et N. Malebranche*, Paris, Vrin, 1999.
– *« Je pense donc je suis »*, Nantes, Pleins-feux, 2004.
– *Malebranche. Une philosophie de l'expérience*, Paris, Vrin, 2004.
– (avec P. Taranto) : *Activité physique et exercices spirituels. Essais de philosophie du sport*, Paris, Vrin, 2008.
– *Foi en Dieu et raison. Théodicées. Deux essais de philosophie de la religion*, Nantes, Cécile Defaut, 2009.
– *Les Voies du salut*, Paris, Bayard, 2010.
– *Dans le milieu d'une forêt. Essai sur Descartes et le sens de la vie*, Paris, Bayard, 2012.
– *Dans l'ombre d'Adam*, Paris, L'Œuvre, 2013.
– (avec C. Michon) : *Dictionnaire des monothéismes*, Paris, Seuil, 2013.
– *Pour la vie ? Court traité du mariage et des séparations*, Paris, Seuil, 2014.

Éditions et traductions
– *Lettre-préface* des *Principes de la Philosophie* de Descartes, Paris, GF-Flammarion, 1996.
– Livre IV de la *Somme contre les Gentils* de Thomas d'Aquin (traduction du latin), Paris, GF-Flammarion, 1999.
– *Discours de la méthode* de Descartes, Paris, Le Livre de Poche, 2000.
– *Textes philosophiques d'Antoine Arnauld* (traduction du latin), Paris, P.U.F., 2001.
– (avec E. Kremer) : *Œuvres* d'Antoine Arnauld, Londres-New York, Thoemmes, 6 vol., 2003.
– *Principes de la philosophie* de Descartes (traduction du latin), Paris, Vrin, 2009.
– *Vraies et fausses idées* d'Antoine Arnauld, Paris, Vrin, 2011.

LA PHILOSOPHIE
DE DESCARTES

REPÈRES

DANS LA MÊME COLLECTION

La philosophie de Thomas d'Aquin, par Ruedi Imbach et Adriano Oliva, 2009.

La philosophie de Francis Bacon, par Michel Malherbe, 2011.

La philosophie de Bergson, par Anne-Claire Désesquelles, 2011.

La philosophie de Nelson Goodman, par Jacques Morizot et Roger Pouivet, 2011.

La philosophie de Raymond Ruyer, par Fabrice Louis et Jean-Pierre Louis, 2014.

La philosophie de John Dewey, par Stéphane Madelrieux, 2016.

REPÈRES PHILOSOPHIQUES

Directeurs : Ruedi IMBACH et Michel MALHERBE

LA PHILOSOPHIE
DE DESCARTES

REPÈRES

par

Denis MOREAU

PARIS

LIBRAIRIE PHILOSOPHIQUE J. VRIN

6 place de la Sorbonne, V ^{e}

2016

© *Librairie Philosophique J. VRIN*, 2016
Imprimé en France
ISSN 2105-0279
ISBN 978-2-7116-2680-9
www.vrin.fr

CITATIONS ET ABRÉVIATIONS

Les références aux textes de Descartes renvoient à ce qui demeure, pour l'instant, « l'édition de référence » de ses œuvres, celle procurée par Ch. Adam et P. Tannery : *Œuvres de Descartes* par Ch. Adam et P. Tannery, 11 vol., nouvelle présentation par B. Rochot et P. Costabel, Paris, Vrin-CNRS, 1964-1974 (édition reprise en 11 vol. au format de poche, Paris, Vrin, 1996). Les références sont données sous la forme : AT + le tome (en romain) + la page + le cas échéant la ligne.

Lorsque l'édition AT ne donne que le latin d'un texte de Descartes (par ex. pour les *Règles pour la direction de l'esprit*), nous renvoyons également, autant que possible, à la traduction française des textes qui figure dans l'édition des *Œuvres philosophiques de Descartes*, par F. Alquié, 3 vol., Paris, Garnier, 1963-1973, réimpression avec une nouvelle préface, Paris, Classiques Garnier, 2010. Les références sont données sous la forme : Alq, + le tome (en romain) + la page.

Par ailleurs, les grands textes de Descartes sont pour la plupart édités dans des collections de poche (notamment aux éditions Vrin), qui signalent généralement la pagination de l'édition AT.

Sauf exception signalée, c'est nous qui soulignons dans les citations.

ABRÉVIATIONS UTILISÉES

BURMAN : *Entretien avec Burman* (AT V 146-179 ; ne figure pas dans Alq ; voir l'édition-traduction de J.-M. Beyssade, Paris, P.U.F.)

DM : *Discours de la méthode* et *Essais* (AT VI 1-515)

Homme : Traité de l'Homme (AT XI 119-202)

LPPP : *Lettre-Préface* aux *Principes de la philosophie* (AT IX 1-20)

MM : *Meditationes de prima philosophia* ... (AT VII 1-90) / *Méditations métaphysiques* (AT IX 1-72)

Monde : *Le Monde* ou *Traité de la lumière* (AT XI 3-118)

NPQ : *Notae in programma quoddam* (AT VIII 335-369, Alq III 787-820)

Obj. : *Objections* faites aux *Méditations* (AT VII 91-561, IX 73-244)

PA : *Les Passions de l'âme* (AT XI 301-497)

PP : *Principia philosophiae* (AT VIII 1-348) / *Les Principes de la philosophie* (AT IX 1-325)

RDI : *Regulae ad directionem ingenii* (AT X 359-469) / *Règles pour la direction de l'esprit* (Alq I 77-204)

Rép. : *Réponses* (de Descartes) aux *Objections* faites aux *Méditations* (AT VII 91-603, IX 73-244)

RV : *La Recherche de la vérité par la lumière naturelle* (AT X 495-527 ; Alq II 1105-1141)

LIRE DESCARTES

> La philosophie que je cherche [...] n'est rien d'autre
> que la connaissance de ces vérités qu'on peut aperce-
> voir par la lumière naturelle et qui peuvent être utiles
> aux activités humaines : et il n'y a pas d'étude plus
> honnête, plus digne de l'homme, il n'y en a pas qui
> puisse être plus utile en cette vie.
>
> Descartes, *Lettre à Voet*, AT VIII 26

Qui se lance dans la lecture des œuvres de Descartes
et l'étude de sa philosophie devra prendre garde à quatre
principaux obstacles.

Le premier est celui de la *fausse transparence* :
Descartes écrit (ou est traduit) pratiquement sans jargon
philosophique, dans une belle langue française classique
souple et claire, souvent cadencée en de longues phrases
inspirées par les amples périodes des auteurs latins. On
peut donc estimer de prime abord que Descartes est un
philosophe facile à comprendre, que ses thèses ne sont
pas spécialement complexes. Funeste erreur ! Descartes
fait plutôt partie de ces rares auteurs *vraiment profonds*,
c'est-à-dire tels que plus on les relit, plus leurs idées
apparaissent complexes et nuancées, plus ils suscitent
la réflexion et, comme on dit, donnent à penser. Face à

un texte de Descartes, on pourra donc, dans un premier temps, suivre la recommandation qu'il donne pour la lecture de ses *Principes de la philosophie* : parcourir l'ouvrage « d'abord tout entier ainsi qu'un roman, sans forcer beaucoup son attention, ni s'arrêter aux difficultés qu'on peut y rencontrer, afin seulement de savoir en gros quelles sont les matières dont [il a] traité. » (LPPP, AT IX 11-12). Dans un second moment, qui peut durer une vie, on prendra le temps de relire et ruminer – ou, dans un lexique plus cartésien : méditer – ces réflexions si aiguisées et déliées.

Le second obstacle est celui de notre imprégnation cartésienne spontanée. À la lecture de certains textes cartésiens, comme ceux qui présentent les quatre « règles de la méthode » dans la partie II du *Discours*, on peut avoir l'impression de se trouver face à des thèses banales, convenues. C'est, en un sens, exact, mais on n'oubliera pas que ce sentiment de banalité signale que nous sommes tous devenus cartésiens : il manifeste le triomphe posthume de propositions originales voire intempestives lorsqu'elles furent formulées, et imposées par Descartes après des combats et des joutes que nos évidences actuelles font oublier. Ainsi, si nous avons souvent l'impression que Descartes pense comme nous, c'est parce qu'en fait nous pensons comme lui et que les modèles de philosophie et de scientificité qu'il a accrédités de haute lutte sont aujourd'hui spontanément les nôtres.

Le troisième obstacle est le sens qu'a fini par prendre l'adjectif « cartésien » (voir Macherey 2014-3). À cette entrée, le *Petit Robert* cite Marcel Aymé : « ils étaient cartésiens comme des bœufs ». Ce n'est pas un compliment. Mais le dictionnaire ne fait qu'entériner l'usage : dans la conversation courante, « cartésien » qualifie, avec une nuance péjorative, un individu tellement préoccupé de rationalité sèche qu'il en devient obtus, insensible, froid et pénible, sans imagination, en définitive oublieux du clair-obscur, des hésitations et de la complexité de la vie réelle. On ne cherchera pas à restituer ici le long processus historique qui a fini par lester le mot « cartésien » de cette signification, dont on recommandera en revanche l'oubli. Une fréquentation même minimale de l'œuvre de Descartes suffit d'ailleurs à manifester qu'au sens qui vient d'être rappelé, il est tout ce qu'on voudra sauf « cartésien ».

Le quatrième obstacle est celui des stéréotypes qui font écran entre la philosophie de l'auteur et son lecteur. Tous les grands philosophes sont victimes de cette réduction de leur pensée à quelques thèses abruptes qui n'ont plus qu'un lointain rapport avec les théories subtiles qu'elles abrègent (« Platon méprise le sensible », « Nietzsche fait l'apologie de la force brute », etc.). Mais, pour les raisons qui viennent d'être évoquées et à cause du succès jamais démenti qu'elle connaît depuis bientôt quatre siècles, la pensée de Descartes a spécialement pâti, notamment en France, de ce processus de transformation en lieux communs approximatifs, voire erronés (sur ces stéréotypes cartésiens, voir Kambouchner 2015 ; sur Descartes comme « philosophe national » et sa place dans l'imaginaire français, voir Azouvi 2002). Là encore, on veillera à ne pas se laisser contaminer par ce que Descartes aurait appelé des préjugés.

Au fond, à qui a envie de lire et découvrir Descartes, on recommandera simplement d'oublier tout ce qu'il sait ou croit savoir sur cet auteur, et d'en revenir « aux textes mêmes » – en s'aidant éventuellement, puisque les difficultés propres de ces textes et le temps qui a passé depuis leur rédaction en ont parfois rendu l'accès malaisé, d'un viatique cartésien comme celui qu'aimerait fournir le présent ouvrage. Une seule chose est requise : prendre vraiment au sérieux, comme Descartes le fit peut-être plus et mieux que tout autre, le désir de trouver la vérité et de s'en « repaître » (DM II, AT VI 19).

Remerciements

Je tiens à remercier Michel Malherbe, qui m'a proposé d'écrire ce livre; Alix Grumelier, qui en a relu une première version et l'a enrichi de ses suggestions et remarques; Vincent Jullien, qui a bien voulu rédiger une grande partie du passage consacré à Descartes mathématicien (voir Jullien 1996); Charlotte Coussot; les éditions Bayard et Ellipses, qui ont autorisé la reprise de quelques pages écrites en d'autres circonstances; et l'Université de Nantes, pour l'octroi du « congé-recherche » qui m'a permis, entre autres choses, de mener ce travail à son terme.

LA VIE DE RENÉ DESCARTES

> J'avais toujours un extrême désir d'apprendre à distinguer le vrai d'avec le faux, pour voir clair en mes actions, et marcher avec assurance en cette vie. (DM I, AT VI 9)

La vie de Descartes est principalement connue grâce aux éléments biographiques proposés par le *Discours de la méthode*, aux renseignements contenus dans son abondante correspondance, et à une volumineuse biographie publiée en 1691 par Adrien Baillet (1649-1706), *La Vie de Monsieur Descartes* (ci-dessous : Baillet). Cet ouvrage représente une source inestimable, et en un sens jamais dépassée, d'informations sur la vie de notre philosophe, mais il doit être abordé avec certaines précautions : Baillet était prêtre catholique, hagiographe (auteur de « vies de saints ») et il est probable qu'il a infléchi sa présentation de l'existence de Descartes en insistant sur ce qui pouvait suggérer la piété chrétienne de ce dernier. En un sens, la biographie rédigée par Baillet pose ainsi une question que rencontrent tous les lecteurs et interprètes de Descartes : la fidélité de ce dernier au catholicisme, la « religion de sa nourrice » (Baillet, II 515), celle « en laquelle Dieu [lui] a fait la grâce d'être instruit dès [son] enfance » (DM III, AT VI 23) et sa soumission à l'autorité de l'Église plusieurs

fois proclamées (AT VI 8 ; VI 28) étaient-elles sincères ?
Ou bien constituaient-elles l'attitude prudente d'un
auteur désireux d'éviter les chicaneries et tracas causés
par des théologiens qu'il considérait avant tout comme
des obstacles à la liberté de pensée, voire signifiaient-
elles le double discours d'un penseur athée et libertin
mais « avançant masqué » (Leroy, 1929) ? Comme celle
d'autres personnages à la fois illustres, fascinants et
discrets, la vie de Descartes a de plus échauffé l'imagination des amateurs d'hypothèses invérifiables (ses
accointances présumées avec la société ésotérique des
Rose-Croix), de fantasmes (la véritable nature de ses
relations avec la Princesse Élisabeth de Bohème ou la
reine Christine de Suède) ou de théorie du complot (on a
prétendu et prétend parfois encore, contre toute espèce de
vraisemblance, qu'il serait mort assassiné – par exemple
au moyen d'une hostie empoisonnée à l'arsenic !). La
multiplicité, les indécisions et le caractère protéiforme
de ces hypothèses et approches biographiques n'ont
d'égal que l'étonnante plasticité des interprétations
idéologisantes de la pensée de Descartes fournies par
la postérité : le Descartes pieux de Baillet, le Descartes
matérialiste de La Mettrie (*L'Homme-Machine*), le
Descartes hyper-rationaliste des Lumières, le Descartes
« faisant du passé table rase » de la Révolution française
et des marxistes, le « cavalier qui partit d'un bon pas »,
représentatif d'un hypothétique « esprit français » célébré
par Charles Péguy et Paul Valéry puis régulièrement
commémoré par la République, etc.

La courte biographie qui suit s'efforcera de ne
présenter que des faits avérés. On pourra la compléter par
trois biographies récentes, sérieuses et bien documentées :

Rodis-Lewis 1995, Gaukroger 1995, Clarke 2006. Pour les questions d'iconographie, on consultera le beau livre de Steve Nadler *The Philosopher, the Priest and the Painter. A Portrait of Descartes* (Nadler 2013), qui fait le point sur les différents portraits de Descartes qui nous sont parvenus et montre que le plus connu d'entre eux – celui du Louvre longtemps attribué au peintre hollandais contemporain de Descartes Frans Hals – est probablement une copie d'un original plus obscur et tourmenté qui se trouve au musée de Copenhague.

1596-1617. *Le temps des études*

René Descartes naquit le 31 mars 1596 à La Haye (aujourd'hui « Descartes », dans le département d'Indre-et-Loire) où un petit musée est dorénavant installé dans sa maison natale. Henri IV, qui mourra assassiné en 1610, était alors le roi d'une France qui sortait tout juste des guerres de religion – l'Édit de Nantes date de 1598. Le père de Descartes, Joachim, fils de médecin, après avoir été avocat à Paris, était conseiller au Parlement de Bretagne. La mère de Descartes mourut en 1597 et l'enfant fut élevé par sa grand-mère et une nourrice. Dans ses ouvrages de maturité (par ex DM II, AT VI 13 ; PP I, art. 1 et 71), Descartes expliquera à différentes reprises que l'enfance est l'âge de la vie où se forment la plupart de nos « préjugés », ces opinions souvent fondées sur le témoignage des sens trop vite reçu et accepté. De 1607 à 1615 (dates discutées), il suivit le cours complet des études au Collège des Jésuites à La Flèche (près du Mans), « une des plus célèbres écoles de l'Europe » (DM I, AT VI 5), établissement d'élite fondé par Henri IV en 1603. De santé précaire et vite repéré comme un esprit remarquable, il y bénéficia d'un régime de faveur lui permettant notamment de rester au lit le matin plus longtemps que ses condisciples et de recevoir des leçons particulières. « Nourri aux lettres » (*ibid.*, 4), il y étudia d'abord les « humanités » (la grammaire, la littérature, l'histoire, la poésie, la rhétorique) et le latin (qui était la langue savante et « internationale » de l'époque), puis les mathématiques et la philosophie, qui couronnait le cycle des études par trois ans consacrés successivement à la logique, la physique, la morale et la métaphysique. La philosophie alors enseignée était essentiellement tributaire de celle d'Aristote relu et développé par Thomas d'Aquin et ses successeurs « scolastiques », et Descartes la critiqua ouvertement par la suite. Il dut recevoir à La Flèche un enseignement de qualité, qui compta dans le mûrissement de sa personnalité intellectuelle, et les lettres qu'il échangea plus tard avec ses anciens enseignants témoignent de sa reconnaissance à leur égard (voir par ex. *au P. Fournet* du 14-06-1637, AT I 383). Mais la première partie du *Discours de la méthode* fait surtout part de la déception du jeune homme face au caractère incertain, discutable, voire erroné du savoir qu'on lui avait transmis. « Je me plaisais surtout aux mathématiques, à cause de l'évidence et de la certitude de leurs raisons », ajoute ce même *Discours* (AT VI 7), annonçant le thème de la *mathesis universalis*, qui conférera aux mathématiques le rôle de modèle de toute science certaine (voir *infra*, p. 61-64). Cette période s'achève en 1616 par des études de droit, – « jurisprudence » disait-on alors – à l'université de Poitiers.

1618-1628. Le temps des voyages

Les études achevées, s'ouvre alors une période d'une dizaine d'années dont sont connus les grandes lignes et certains événements marquants, mais dont bien des détails demeurent obscurs, notamment en ce qui concerne les déplacements de Descartes. Il voyagea, beaucoup, ce qui était alors courant chez les jeunes nobles et intellectuels : en Hollande (à l'époque les « Provinces-Unies »), puis en Allemagne (1619), peut-être au Danemark, en Hongrie et à Prague, en Italie, en France puis, derechef en Allemagne et aux Provinces-Unies. « Rouler çà et là dans le monde, tâchant d'être spectateur plutôt qu'acteur en toutes les comédies qui s'y jouent » ; apprendre « à ne rien croire trop fermement de ce qui ne m'avait été persuadé que par l'exemple et par la coutume » ; « fréquenter des gens de diverses humeurs et conditions » ; « m'éprouver moi-même dans les rencontres que la fortune me proposait » : revenant sur cette période nomade, les deux premières parties du *Discours de la méthode* proposent une série de réflexions sur le voyage comme expérience et exercice intellectuels, en insistant sur les effets positifs de cette fréquentation du « grand livre du monde » et de cette épreuve de la pluralité des voix – le dépaysement, le décentrement, la prise de conscience de la relativité et de la multiplicité des coutumes et traditions.

Dans une Europe du Nord et centrale alors déchirée par les débuts de la Guerre de Trente ans, Descartes rejoignit différentes armées (celle de Maurice de Nassau, protestant, en 1618, celle du Duc de Bavière, catholique, en 1619) sans qu'on sache s'il le fit comme simple observateur des combats ou s'il y participa. Il travailla à des questions d'optique et de mathématique. Il rédigea un *Abrégé de musique* (paru posthume) et plusieurs textes qui n'ont pas été conservés : le *Studium bonae mentis* (*Exercice du bon sens*), un *Art de l'escrime* et, à la fin de cette période, un « petit Traité de métaphysique » (*à Mersenne* du 25-11-1630, AT I 182). En 1625-1627 un séjour en France, en partie parisien, fut pour lui l'occasion de commencer à s'imposer sur la scène intellectuelle : il fréquenta des écrivains (Jean-Louis Guez de Balzac), des scientifiques, des théologiens et le P. Mersenne qui allait devenir son ami, son correspondant privilégié et son irremplaçable intermédiaire avec ce que l'Europe comptait alors de savants. Lors d'une conférence parisienne chez le Nonce du Pape, probablement en novembre 1627, le cardinal Pierre de Bérulle, figure majeure de l'école française de spiritualité et fondateur de l'Oratoire de France, l'encouragea à poursuivre ses travaux et développer sa philosophie (Baillet II, chap. 14 ; voir *à Villebressieu* de 1631, AT I 213). Une anecdote sujette à caution (Baillet, VIII, chap. 6, p. 501) rapporte aussi que, lors de ce séjour parisien, une aventure féminine conduisit Descartes à se battre en duel. À un adversaire (Voetius) qui, dans les années 1640, lui reprocha cette période de sa vie, Descartes répondit sèchement « j'ai été jeune homme et maintenant je suis homme ; je n'ai pas fait vœu de chasteté et je n'ai jamais prétendu passer pour plus saint que les autres » (AT VIII 22).

De ces années d'errance contrôlée, de formation et de fréquentation du « grand livre du monde », on peut encore retenir trois moments saillants.

a) En 1618, Descartes rencontra Isaac Beeckman, docteur en médecine qui travaillait sur les rapports entre la physique et les mathématiques. Les relations entre les deux hommes furent, amicalement et intellectuellement, intenses mais se terminèrent par une brouille en 1630. C'est le moment où Descartes forma l'idée d'une « science tout à fait nouvelle » « permettant de résoudre généralement toutes les questions qu'on peut proposer en n'importe quel genre de quantité » (*à Beeckman* du 26-03-1619, AT X 156-157) et conçut l'idée d'un traitement mathématique des questions de physique.

b) En novembre 1619, Descartes séjourna et médita dans un « poêle » (une chambre bien chauffée), sans doute près de la ville allemande d'Ulm. Dans les « Olympiques », un texte célèbre et assez mystérieux qui ne nous est parvenu qu'indirectement (voir Baillet II, chap. 1), il raconte que, le 10 novembre 1619, il « commença à comprendre » « les fondements d'une science admirable », et qu'il fit dans la nuit qui suivit trois songes. Dans le premier, un « vent impétueux » « l'emporte dans une espèce de tourbillon, lui fait faire trois ou quatre tours sur le pied gauche ». Il envisage de rentrer dans une église, se ravise pour aller saluer une de ses connaissances, mais il en est empêché par le vent qui le repousse contre l'église. Il rencontre quelqu'un qui lui annonce qu'un certain « Monsieur N. » a « quelque chose à lui donner » et il « s'imagine à ce propos que c'était un melon qu'on avait apporté de quelque pays étranger ». Un fois réveillé et « après un intervalle de près de deux heures dans des pensées diverses sur les biens et les maux de ce monde », dans le deuxième rêve, Descartes entend « un bruit aigu et éclatant qu'il prit pour un coup de tonnerre » et il « aperçoit beaucoup d'étincelles de feu répandues par la chambre ». Il s'éveille et se rendort à nouveau. Lors du troisième songe enfin, Descartes rêve qu'il ouvre une anthologie de poèmes antiques et tombe sur ce vers du poète latin du IVe siècle après Jésus-Christ, Ausone (*Idylles*, 15,1) : *quod vitae sectabor iter ?*, quel chemin de vie suivrai-je ? On peut penser que cette question explique l'ensemble du projet intellectuel de Descartes tout comme elle synthétise, à sa façon, l'interrogation qui décide des vocations philosophiques.

c) Enfin, c'est au cours de cette période de voyages, peut-être en 1627-28, que Descartes s'attacha à la rédaction des *Regulae ad directionem ingenii*, les *Règles pour la direction de l'esprit*, un ouvrage sur la méthode demeuré inachevé et paru posthume, mais qui constitue le premier des grands textes philosophiques cartésiens qui nous est parvenu.

1628-1637. Le temps du mûrissement

Fin 1628, Descartes s'installa aux Provinces-Unies où il resta jusqu'en 1649, à l'exception de quelques voyages en France (1644, 1647, 1648) et sans toutefois se fixer vraiment (il déménagea à plusieurs reprises, sauf pendant les cinq dernières années qu'il passa à Egmond). C'était alors le « Siècle d'or » des Pays-Bas : ils comptaient, avec l'Angleterre et la France, parmi les puissances européennes et connaissaient une période économiquement très prospère ; dans les grandes villes, et notamment à Amsterdam, la vie publique était fastueuse, la vie intellectuelle et artistique intense (pour s'en tenir aux peintres, il est chronologiquement possible que Descartes ait croisé non seulement Frans Hals, mais aussi Rembrandt, Heda, Pieter Claesz). Des sociétés savantes et des universités célèbres étaient accueillantes aux idées nouvelles et penseurs étrangers. De grands « libraires » (c'est-à-dire des éditeurs, comme les Elzevier) étaient capables d'assurer la diffusion des livres qu'ils publiaient dans l'Europe entière. Quoique le calvinisme restât la religion officielle, il régnait enfin un climat de tolérance religieuse et intellectuelle sans équivalent dans le reste de l'Europe – ce qui n'empêcha pas Descartes d'avoir, dans les années 1640, maille à partir avec certains professeurs et pasteurs calvinistes. Ce contexte remarquable compta probablement dans le choix de Descartes d'aller habiter en Hollande, mais il semble, d'après sa correspondance, qu'il fut moins motivé par le désir de profiter d'avantages matériels que par celui de vivre à son gré, et surtout de pouvoir réfléchir et travailler sans être importuné par son entourage ou des connaissances (voir *à Balzac* du 05-05 1631, AT I 203-204).

L'installation de Descartes en Hollande marqua le début d'une période d'intense activité intellectuelle : outre le *Traité de métaphysique* déjà évoqué et d'importantes lettres sur les « vérités éternelles » envoyées à Mersenne en avril et mai 1630, Descartes se lança dans diverses recherches en optique (taille de verres), mécanique, mathématiques (solution générale du problème de Pappus). Il pratiqua l'anatomie, des dissections (voir *à Mersenne* du 13-11-1639, AT II 621) et manifesta un intérêt marqué, qui ne se démentit plus, pour tout ce qui touche à la médecine, qu'il développa dans le cadre d'une explication mécaniste du corps humain conçu, à l'instar de tous les êtres vivants, comme une « machine » complexe (voir, outre le *Traité de l'Homme*, les textes réunis par V. Aucante sous le titre *Écrits physiologiques et médicaux*). Il conçut aussi un projet d'une extrême ambition, dont il savait qu'il devait aboutir à le poser en concurrent d'Aristote : la rédaction d'un ouvrage de cosmologie et de physique fondamentale, le *Monde*, qui expliquerait la nature du monde matériel, les grandes lois qui le gouvernent et les principaux phénomènes qu'on y observe (notamment ceux qui ont trait à la lumière), et auquel serait adjoint un *Traité de l'Homme* décrivant le fonctionnement du corps humain. Fin 1633, le *Monde* était prêt à paraître. Descartes considérait notamment y avoir prouvé, à l'aide de principes fondamentaux de sa philosophie, le mouvement de la terre autour du soleil : « s'il [le « mouvement de la terre »] est faux, tous les fondements de ma philosophie le sont aussi, car il se démontre par eux évidemment » (*à Mersenne* fin novembre 1633, AT I 271). La nouvelle tomba alors : l'Église venait de condamner à nouveau Galilée pour son affirmation de l'héliocentrisme et du mouvement de la terre. Descartes renonça sur le champ à publier « tout [son] travail de quatre ans » (*à Mersenne*, février 1634, AT I 281) et s'en justifia dans une série de lettres écrites à Mersenne entre novembre 1633 et mai 1634. La question reste disputée de savoir par quoi fut avant tout motivée cette renonciation à publier le *Monde* : par une soumission sincère aux autorités catholiques (« Comme je ne voudrais pour rien au monde qu'il sortît de moi un discours où il se trouvât le moindre mot qui fût désapprouvé de l'Église, aussi aimé-je mieux le [le *Monde*] supprimer que de le faire paraître estropié », *à Mersenne* de fin novembre 1633, AT I 271)? Ou bien par des raisons de prudence et le désir d'échapper aux tracas que pouvaient causer les théologiens (la lettre *à Mersenne* d'avril 1634, AT I 285-286 évoque ainsi : « le désir que j'ai de vivre en repos et de continuer la vie que j'ai commencée en prenant pour ma devise : *bene vixit, bene qui latuit* » – le latin est une citation du poète Ovide : « Il a bien vécu, celui qui a vécu caché »)? Il est clair en revanche que Descartes ne renonça pas aux vérités philosophiques et scientifiques qu'il considérait avoir conquises : on les retrouvera, autrement présentées, dans les œuvres ultérieures. Mais le *Monde* et le *Traité de l'Homme* ne paraîtront, eux, que posthumes, en 1664. Quant à Descartes, il se lança alors dans un nouveau projet de publication : le *Discours de la méthode* et les *Essais*.

Cette première période hollandaise fut aussi l'occasion pour Descartes, aidé par Mersenne, de tisser son réseau de correspondants intellectuels et de nouer des liens avec ceux qu'il appelle souvent ses « amis », dont les profils divers témoignent de l'ouverture d'esprit du philosophe : par exemple Henri Reneri, catholique converti au calvinisme et intéressé aux questions scientifiques ; le médecin Plemp ; Constantin Huygens, père du célèbre scientifique Christian Huygens, homme politique, poète et compositeur néerlandais auquel Descartes adressa en 1637 un petit traité de mécanique (AT I 431-448) ; Regius (Henri de Roy) professeur de médecine en qui Descartes vit, un temps, un disciple qui pouvait l'aider à propager ses idées. Dans ces années 1630, Descartes entretint aussi une liaison amoureuse (la seule de sa vie qui soit documentée) avec Hélène Jans, une domestique d'un ami chez qui il logea à Amsterdam, en 1634. Hélène suivit Descartes lorsqu'il déménagea d'Amsterdam pour Deventer et de leurs amours naquit en 1635 une fille, Francine, la seule enfant de Descartes, qui la fit baptiser et la reconnut. En 1640, Descartes envisageait de faire venir Francine en France, mais l'enfant mourut de la scarlatine en septembre, un mois avant que le père de Descartes décède à son tour. Dans une lettre de condoléance (*à Pollot*, janvier 1641 AT III 278) Descartes explique, en évoquant sans doute ce double deuil : « Je ne suis pas de ceux qui estiment que les larmes et la tristesse n'appartiennent qu'aux femmes. […] J'ai senti depuis peu la perte de deux personnes qui m'étaient très proches ». Baillet (V, chap. 12, p. 90) indique que Descartes confessait que la mort de Francine lui avait laissé « le plus grand regret qu'il eût jamais senti de sa vie ». On ne connaît pas les détails du reste de la relation entre Descartes et Hélène Jans, mais on sait que cette dernière se maria en 1644, et que Descartes fut témoin du mariage, auquel il apporta probablement une contribution financière.

1637-1649. Le temps des publications

Inclure, comme on le fait à bon droit, l'ensemble des textes posthumes dans l'assez volumineux corpus cartésien qui nous est parvenu conduit à oublier ce fait : Descartes fut un auteur qui, de son vivant, publia peu ; et en 1637, la quarantaine passée, alors qu'il ne lui restait qu'un peu plus d'une dizaine d'années à vivre, qu'il avait déjà beaucoup travaillé, constitué l'essentiel de sa philosophie et rédigé des textes importants, et que sa renommée intellectuelle était de plus bien établie, Descartes n'avait encore *rien* publié. La parution en 1637 du *Discours de la méthode*, sans nom d'auteur mais sans que Descartes ait caché en être le père, ouvrit ainsi une période qui apparaît comme « le temps de la moisson », éditoriale et intellectuelle. Comme le stipule le *Discours*, il s'agissait dorénavant de « faire voir » (AT VI 4 : « faire voir en quelle sorte j'ai tâché de conduire [ma raison] »), tandis qu'une *Lettre à Mersenne* de mars 1636 confirme ce désir d'une large diffusion de ce texte que sa rédaction en français destinait à un public un peu plus large que celui des seuls spécialistes de la philosophie maîtrisant le latin : « J'ai envie d'en [le texte imprimé du *Discours*] distribuer à quantité de personnes » (AT I 339).

Dans sa forme originale, le *Discours* est constitué non seulement des six courtes parties que contiennent nos actuelles éditions, mais aussi de trois longs « Essais » de la méthode, qui ont probablement été rédigés avant les six parties : *Dioptrique*, *Météores* et *Géométrie*. C'est un texte composite, dont la nature est malaisée à préciser : il mêle des considérations autobiographiques – réalisant ainsi le projet « d'histoire de son esprit » que Descartes avait formé en 1628 (voir AT I 570 et *à Balzac* du 14-06-1637, AT I 380-382) –, une présentation très rapide, dans la deuxième partie, de quelques règles de « logique » ou « méthode », des considérations de morale (troisième partie) puis des exposés synthétiques, comme des abrégés des principales thèses que Descartes prétendait avoir établies en métaphysique, physique et médecine. Une chose est certaine : le *Discours* n'est pas un traité ou un précis de philosophie cartésienne, mais plutôt une sorte de prospectus, de ballon d'essai destiné à tester, en les présentant de façon ramassée, des thèses qu'il restait à exposer dans le détail.

Le *Discours* provoqua de nombreuses réactions et discussions, en particulier au sujet des *Essais*, dont la correspondance de Descartes conserve la trace : échanges mathématiques avec Fermat et Roberval ;

débats de physiologie avec Plemp; discussions sur la morale, la physique, la théorie de la lumière, etc. avec Alphonse Pollot qui, quelques années plus tard, mit en relation Descartes et la princesse Élisabeth (pour une présentation synthétique des réactions des premiers lecteurs du *Discours*, voir Rodis-Lewis 1995 p. 161-184, et Gaukroger 1995, p. 321-332). Mais contrairement à ce que pourrait laisser croire l'immense postérité qu'il a connue, le *Discours* se vendit mal. Descartes entreprit alors la rédaction de deux grands ouvrages techniques, eux, pour exposer de façon précise le détail de ses thèses philosophiques.

Le premier, en latin, est un exposé fouillé de la métaphysique résumée dans la quatrième partie du *Discours* : le chef d'œuvre de Descartes, les six *Méditations métaphysiques*, qui parurent en latin en août 1641 et furent traduites en français par le Duc de Luynes en 1647 (sur les titres des différentes éditions de l'ouvrage, voir *infra*, p. 154). Dans un souci dialogual qui atténue le caractère philosophiquement solitaire de l'exercice « méditatif », Descartes avait au préalable, avec l'aide de Mersenne, veillé à ce que le texte de ses six méditations fût communiqué à quelques lecteurs choisis dont il recueillit les objections, auxquelles il rédigea d'amples réponses, le tout étant publié dans le volume des *Méditations*. Le second grand ouvrage, toujours en latin, est les *Principia philosophiae*, paru en 1644, puis traduit en français, par l'abbé Claude Picot, en 1647, et augmenté à cette occasion par Descartes d'une importante *Lettre-Préface*. Descartes a plusieurs fois désigné comme sa « somme de philosophie » (*à Huygens* du 31-01-1642, AT III 523 ; *à Mersenne* du 22-12-1641, AT III 465) cet ouvrage quadripartite en forme de manuel, destiné d'une part à fournir un exposé pour la première fois complet de sa métaphysique (partie I) et de sa physique (parties II, III, IV) et d'autre part à constituer un « cours de philosophie » (*à Mersenne* du 11-11-1640, AT III 233) c'est-à-dire un guide pour servir de support à l'enseignement de la philosophie cartésienne.

Ces publications imposèrent, ou confirmèrent, Descartes comme un acteur majeur de la scène intellectuelle, le cartésianisme commença à connaître un certain succès dans les universités hollandaises. Mécaniquement, cela conduisit Descartes à être exposé aux polémiques et attaques. Elles furent multiples. Parmi les plus cruelles, on compta celles d'un pasteur d'Utrecht, Gijsbert Voet, qui accusa Descartes d'athéisme et l'accabla, avec d'autres, d'une forme de harcèlement idéologique. Les lettres et les ouvrages échangés entre les différents protagonistes de cette longue « Querelle d'Utrecht » furent nombreux et violents, et Descartes dut souvent penser qu'il était désormais éloigné de la quiétude intellectuelle et du paisible isolement qu'il était venu chercher en s'installant aux Provinces-Unies. En 1646, il se brouilla aussi avec Regius, qu'il avait jusque-là considéré comme son disciple mais qui donnait une présentation de sa pensée qu'il considérait comme déviante : contre les thèses de Regius, Descartes rédigea en 1648 les *Notae in programma quoddam* ; *Notes sur une certaine affiche*. Une lettre de 1642 (*à Huygens*, AT III 783-784) montre que Descartes, qui semble avoir craint par-dessus tout les « procès », ne se résolvait qu'à regret à ces polémiques : « je ne demande que la paix des uns et des autres, mais je vois bien que pour l'obtenir il me faut un peu faire la guerre ». Dans ces querelles apparaissent, comme grossis, certains traits du caractère de Descartes : une assurance intellectuelle parfois hautaine, accompagnée de la conviction rarement entamée qu'il a raison ; une certaine susceptibilité, qui se traduit par des réactions immédiates parfois vives aux critiques ; une réelle générosité aussi, qui le conduisit souvent à se réconcilier avec ceux avec qui il s'était disputé (Beeckman, Bourdin, Gassendi).

Les années passant, on voit aussi Descartes évoquer de plus en plus souvent la Providence et la mort dans sa correspondance, et en rabattre sur les ambitions les plus élevées, ou démesurées, de ses années de jeunesse, notamment en matière de médecine. Alors que la sixième partie du *Discours* mentionne encore l'espoir de vaincre « l'affaiblissement de la vieillesse » (AT VI 62), une lettre de 1637 se contente d'envisager d'en retarder les effets : « Les poils blancs qui se hâtent de me venir m'avertissent que je ne dois plus étudier à autre chose qu'aux moyens de les retarder » (*à Huygens* d'oct. 1637, AT I 434-435). Et quelques années plus tard, le philosophe songera seulement à s'assurer une vieillesse sereine : il faut « aimer la vie sans craindre la mort » (*à Mersenne* du 09-01-1639, AT II 480) ; « ...au lieu de trouver les moyens de conserver la vie, j'en ai trouvé un autre, bien plus aisé et plus sûr, qui est de ne pas craindre la mort » (*à Chanut* du 15-06-1646, AT IV 442).

Mais Descartes, le philosophe des « fermes et constantes résolutions », le théoricien du contentement que provoque le bon usage de la liberté, n'était pas homme à se laisser décourager par le temps qui s'écoule et les circonstances adverses accumulées. Son activité resta soutenue. En 1647-1648, il travailla à un traité sur

La Description du corps humain, resté inachevé et paru posthume. En avril 1648, un jeune homme, François Burman, rencontra Descartes chez lui à Egmond, lui posa des questions sur sa philosophie et consigna ses réponses par écrit : c'est le texte qu'on appelle *Entretien avec Burman* (mais qu'il serait plus cohérent de désigner comme « Entretien avec Descartes ») dont le manuscrit ne fut retrouvé qu'en 1895. À la fin de cette période, Descartes fit trois voyages en France, en 1644 puis en 1647 et 1648, ce dernier séjour étant écourté par les troubles de la Fronde alors commençante. « Me tenant comme je fais, un pied en un pays, et l'autre en un autre, je trouve ma condition très heureuse en ce qu'elle est libre », écrivit Descartes au sujet de ces allers-retours entre France et Hollande (*à Élisabeth* de juin ou juillet 1648, AT V 198). Ces voyages parisiens furent l'occasion de tisser, ou renforcer, des amitiés, par exemple, en 1644 avec l'abbé Claude Picot, ecclésiastique réputé proche des milieux libertins, avec Claude Clerselier, qui joua un rôle considérable dans l'édition de la correspondance et des textes posthumes du philosophe, avec Pierre Chanut, avec qui il échangea d'importantes lettres sur des questions de morale et qui fut pour beaucoup dans son départ en Suède. Au cours du séjour de 1647, Descartes rencontra Blaise Pascal, alors un jeune homme de vingt-quatre ans (voir AT V 72-73). On sait qu'ils discutèrent, au moins, de questions de physique : dans une lettre de juin 1649 (AT V 365-366) Descartes explique que c'est lui qui a suggéré à Pascal de réaliser la célèbre expérience « sur les montagnes d'Auvergne » (au puy de Dôme). Créée en 1985, une pièce de théâtre à succès, intéressante et nourrie de citations de Descartes et Pascal, présente une reconstitution imaginaire du contenu de cette rencontre : *L'Entretien entre M. Descartes et M. Pascal le Jeune*, de Jean-Claude Brisville.

Descartes fit aussi dans ces années une autre rencontre, heureuse celle-là, et déterminante : celle de la princesse Élisabeth de Bohème (1618-1680), fille aînée d'une fille de Jacques 1 er d'Angleterre et de Frédéric V, qui fut « roi d'un hiver » (1619-1620) en Bohème, puis s'exila aux Pays-Bas après sa défaite à la bataille de la Montagne Blanche (1620), à laquelle Descartes participa peut-être. Descartes considérait cette jeune femme, à qui il dédicaça ses *Principes de la philosophie* en 1644, comme un des meilleurs esprits qu'il ait rencontrés et une lectrice exceptionnellement clairvoyante de son œuvre. Après qu'Élisabeth eut lu les *Méditations*, il entretint avec elle, de 1643 à ses dernières semaines, une correspondance philosophique d'importance considérable, d'une haute tenue intellectuelle et littéraire, qui accompagna sa réflexion sur le rapport de l'esprit et du corps, et plus généralement sur les questions de morale. Le détail des relations concrètes entre Descartes et Élisabeth est mal connu. Il est au moins certain que dans les années 1643-44, ils se rencontrèrent à La Haye, où la cour de Bohème était en exil (voir AT III 351-52 et IV 106). Ces échanges avec Élisabeth préparent, accompagnent et peut-être expliquent la rédaction, à partir de 1645-46 du dernier grand livre de Descartes, le traité des *Passions de l'âme*, paru en français en 1649 et qui constitue comme l'aboutissement des réflexions de morale (au sens large) qui ont toujours préoccupé notre philosophe.

1649-1650. Le temps de la fin

Depuis 1647, par le truchement de Pierre Chanut, Descartes entretenait aussi une correspondance philosophique avec la jeune reine Christine de Suède, qui finit par l'inviter, en février 1649, à venir la rejoindre. Descartes hésita longuement avant de se décider à partir en septembre au « pays des ours, entre des rochers et des glaces » (*à Brasset* du 23-04-1649, AT V 349), avec pour projet de seulement « passer l'hiver à Stockholm » (*à Chanut* du 31-03-1649, AT V 324). Sans doute mal à l'aise dans les intrigues et complications de la vie de cour, il rédigea pour la reine un ballet sur la *Naissance de la paix* (attribution discutée) et un projet pour une Académie à Stockholm. Il donna aussi à la reine des leçons de philosophie, pour lesquelles elle le faisait venir dès son réveil, à cinq heures du matin. Exposé en ces occasions aux températures glaciales de l'hiver suédois, le philosophe prit froid et contracta une pneumonie dont il mourut, le 11 février 1650. Baillet (VII, chap. 21) donne de la longue agonie de Descartes un récit détaillé (en signalant par exemple une anecdote fameuse : Descartes, hostile à la saignée, répondit aux médecins qui voulaient pratiquer sur lui cette opération « Messieurs, épargnez le sang français ») et édifiant, dont on a montré qu'il avait été construit pour être cohérent avec les grands principes éthiques et médicaux de la pensée cartésienne (Beyssade 2001-2, p. 365-387).

On dressa l'inventaire des « papiers » (œuvres non publiées, lettres) de Descartes, qui furent remis à Chanut, puis confiés à Claude Clerselier, qui s'occupa d'une grande partie de leur publication – derechef, on remarquera que, de son vivant, Descartes n'a pour l'essentiel publié qu'une sorte de tétralogie, somptueuse : le *Discours*, les *Méditations*, les *Principes*, les *Passions*. La dépouille de Descartes fut rapatriée en France en 1667. Un crâne réputé être le sien est aujourd'hui visible à Paris, au Musée de l'Homme. Après diverses tribulations, ses restes se trouvent aujourd'hui également à Paris, en l'église Saint-Germain-des-Prés.

Dans sa dernière lettre conservée (*à Bréguy* du 15-01-1650, AT V 467) Descartes faisait part de son désir de quitter la Suède, de façon à retrouver cette tranquillité d'esprit qu'il avait toujours recherchée pour mener à bien ses réflexions : « il me semble que les pensées des hommes se gèlent ici pendant l'hiver aussi bien que les eaux [...] je vous jure que le désir que j'ai de retourner en mon désert s'augmente tous les jours de plus en plus. [...] Je ne suis pas ici en mon élément, et je ne désire que la tranquillité et le repos ».

LA PENSÉE DE DESCARTES

L'IDÉE DE PHILOSOPHIE

En une unique occasion, en 1647, dans la *Lettre-Préface* des *Principes de la philosophie*, Descartes se préoccupa de définir ce qu'il entendait par philosophie. À la manière des définitions philosophiques telles que les concevait Kant (*Critique de la raison pure*, *Discipline*, *Des définitions*), cette définition n'est donc pas proposée de façon inaugurale, comme un but antéposé dont la visée orienterait l'avancée du philosophe ou cadenasserait le cheminement du lecteur. Elle apparaît tardivement, alors que la « philosophie » de Descartes est déjà en grande partie constituée et offerte au public. Dans un cours inédit de 1959-1960, Georges Canguilhem expliquait que la méthode cartésienne était avant tout la « conscience de la science », la prise de conscience de la façon dont la science a été produite ; de même, la conception cartésienne de la philosophie ne fut pleinement mise au jour qu'une fois cette dernière largement réalisée.

La définition cartésienne de la philosophie est d'allure classique : « ce mot Philosophie signifie l'étude de la Sagesse », « la Sagesse dont la philosophie est l'étude » (LPPP, AT IX 2 et 4) et « par la Sagesse on n'entend pas seulement la prudence [au sens de la *phronesis* d'Aristote : la sagesse pratique] dans les affaires, mais une parfaite connaissance de toutes les choses que l'homme peut savoir, tant pour la conduite de sa vie que pour la conservation de sa santé, et l'invention de tous les arts [= les techniques] » (*ibid.*, 2). Sur le fond, Descartes reste donc fidèle à une idée ancestrale de la philosophie : elle est un mode de vie qui résulte d'une connaissance acquise et l'exprime, elle possède à la fois une dimension cognitive et une dimension existentielle. Cette conception de la philosophie conduit à critiquer deux réductions ou dérives symétriques, également fautives au regard de l'idée de la « vraie philosophie » : la première serait la réduction théoricienne, qui ferait de la philosophie une activité exclusivement spéculative. Descartes la rejette dans le fameux passage de la partie VI du *Discours* (AT VI 61-63 ; voir *infra* p. 120) où il insiste sur l'utilité, les applications pratiques et les commodités techniques qu'on est en droit d'attendre de sa propre philosophie. La seconde dérive concerne ceux qui réduisent la sagesse à la « prudence dans les affaires », c'est-à-dire promeuvent une conception de la philosophie, qui, toute gouvernée par le désir d'obtenir des résultats utiles et immédiatement applicables, ignorerait les recherches théoriques qui doivent les précéder. *Mutatis mutandis*, on peut donc appliquer à la philosophie telle que la présente Descartes la formule par laquelle il caractérisait sa méthode : elle consiste autant « en pratique qu'en théorie » (*à Mersenne*, mars 1637, AT I 349).

C'est également dans cette *Lettre-Préface* de 1647 que Descartes, en un texte canonique, explicite pour la première et unique fois de façon détaillée sa conception de la philosophie et du parcours philosophique.

[Voici] l'ordre qu'il me semble qu'on doit tenir pour s'instruire. Premièrement, un homme qui n'a encore que la connaissance vulgaire [= commune, banale] et imparfaite [...] doit avant tout tâcher de se former une Morale qui puisse suffire pour régler les actions de sa vie, à cause que cela ne souffre point de délai, et que nous devons surtout tâcher de bien vivre. Après cela il doit aussi étudier la Logique : non pas celle de l'École, car elle n'est à proprement parler qu'une Dialectique qui enseigne les moyens de faire entendre à autrui les choses qu'on sait, ou même aussi de dire sans jugement plusieurs paroles touchant celles qu'on ne sait pas, et ainsi elle corrompt le bon sens plutôt qu'elle ne l'augmente ; mais celle qui apprend à bien conduire sa raison pour découvrir les vérités qu'on ignore ; et parce qu'elle dépend beaucoup de l'usage, il est bon qu'il s'exerce longtemps à en pratiquer les règles touchant des questions faciles et simples, comme sont celles des Mathématiques. Puis, lorsqu'il s'est acquis quelque habitude à trouver la vérité en ces questions, il doit commencer tout de bon à s'appliquer à la vraie Philosophie, dont la première partie est la Métaphysique qui contient les Principes de la connaissance, entre lesquels est l'explication des principaux attributs de Dieu, de l'immatérialité de nos âmes, et de toutes les notions claires et simples qui sont en nous. La seconde est la Physique, en laquelle après avoir trouvé les vrais Principes des choses matérielles, on examine en général comment tout l'univers est composé, puis en particulier quelle est la nature de cette Terre, et de tous les corps qui se trouvent le plus communément autour d'elle, comme de l'air, de l'eau, du feu, de l'aimant et des autres minéraux. En suite de quoi il est besoin aussi d'examiner en particulier la nature des plantes, celle des animaux, et surtout celle de l'homme ; afin qu'on soit capable par après de trouver les autres sciences qui lui sont utiles. Ainsi toute la Philosophie est comme un arbre dont les racines sont la Métaphysique, le tronc est la Physique, et les branches qui sortent de ce tronc sont toutes les autres sciences, qui se réduisent à trois principales, à savoir la Médecine, la Mécanique et la Morale ; j'entends la plus haute et la plus parfaite Morale, qui, présupposant une entière connaissance des autres sciences, est le dernier degré de la Sagesse. Or comme ce n'est pas des racines ni du tronc des arbres qu'on cueille les fruits, mais seulement des extrémités de leurs branches, ainsi la principale utilité de la Philosophie dépend de celles de ses parties qu'on ne peut apprendre que les dernières. (LPPP, AT IX 13-15)

Les comparaisons d'une certaine ampleur étant assez rares dans le corpus cartésien, en rencontrer une, comme celle de la philosophie et de l'arbre, invite à la décrypter attentivement (voir Moreau 2015). Mais si on adopte une vue d'ensemble sur « l'arbre de la philosophie » tout en laissant de côté les nuances qui tiennent aux questions disputées sur les dates de rédaction des œuvres ou sur les distinctions à opérer entre les ouvrages publiés par Descartes de son vivant et ceux qui ne l'ont été qu'à titre posthume, on est frappé par la correspondance entre le programme philosophique ici proposé et les principales œuvres cartésiennes.

– Morale par provision : partie III du *Discours* (partiellement reprise dans la *Lettre à Élisabeth* du 04-08-1645).

– Méthode-logique : *Règles pour la direction de l'esprit* ; partie II du *Discours*.

– Métaphysique : « commencement de métaphysique » de 1629 ; partie IV du *Discours* ; *Méditations* ; partie I des *Principes*.

– Physique : *Le Monde* ; partie V du *Discours* ; *Dioptrique*, *Météores* ; parties II, III et IV des *Principes de la philosophie*.

– Médecine : *Traité de l'Homme* ; partie V du *Discours* ; écrits physiologiques et médicaux.

– Mécanique : *Traité de l'explication des engins* (AT I 435-447).

– Morale (définitive ?) : *Correspondance* (avec Élisabeth, avec Chanut), *Passions de l'âme*.

Il restera toujours loisible de se demander dans quelle mesure ce bilan de 1647 ne surimpose pas de manière rétrospective aux activités intellectuelles et éditoriales de Descartes une cohérence qui n'était pas aussi explicite au moment même où son projet se développait. Mais on a rarement constaté une adéquation aussi étroite entre un *agenda* philosophique et sa réalisation effective.

Enfin, puisque Descartes lui-même indique dans ce texte un « ordre qu'on doit suivre » pour « s'instruire » et « philosopher », le plus expédient, dans un ouvrage comme celui qu'on est en train de parcourir, est sans doute d'adopter, dans les grandes lignes, ce même ordre pour la présentation de la pensée cartésienne.

LA « MORALE PAR PROVISION »

Premièrement, un homme qui n'a encore que la connaissance vulgaire [= commune, banale] et imparfaite […] doit avant tout tâcher de se former une Morale qui puisse suffire pour régler les actions de sa vie, à cause que cela ne souffre point de délai, et que nous devons surtout tâcher de bien vivre.

Longtemps tenue pour un élément mineur ou périphérique du corpus cartésien mais objet ces dernières années l'objet d'un intérêt renouvelé des commentateurs, la « morale par provision » est présentée dans la partie III du *Discours* (« par provision » signifie substitutive, adoptée faute de mieux, dans l'attente de la constitution de la « plus haute et la plus parfaite morale » qui devait couronner l'arbre de la philosophie). Ce texte constitue en un sens la réponse la plus précise donnée par Descartes à la question *Quod iter sectabor vitae ?* rencontrée dans ses songes de la nuit du 10 au 11 novembre 1619. La *Lettre-Préface* rappelle la disjonction entre la logique du savoir et celle de la vie pratique justifiant l'établissement de cette morale, que Descartes mit probablement au point, elle aussi, vers 1619 : l'existence comporte une forme d'impérieuse urgence sans équivalent dans le champ théorique (voir *Lettre à X* (Reneri) d'avril ou mai 1638, AT II 35) ; le philosophe en quête de vérité, désireux de n'admettre que des énoncés certains, évitant de juger de façon précipitée et ayant entrepris la première et longue étape du doute qui consiste à « se défaire de ses anciennes opinions », doit donc sans attendre ni hésiter se donner les moyens de tenter de bien vivre, alors même qu'en matière de morale, l'évidence est absente et qu'il ne sait pas encore quoi faire pour vivre bien. Dans le domaine de la pratique, la partie III du *Discours* va donc préconiser la mise en œuvre délibérée d'attitudes et de décisions qui contredisent ce que recommande la « méthode » de la partie II : du point de vue des opérations de l'esprit, il faudra choisir en l'absence d'évidence ; du point de vue des contenus sélectionnés, on devra apprendre à se contenter de vraisemblable, voire de douteux. On rencontre ainsi dans ce texte un Descartes fort peu « cartésien », prenant décidément acte de l'hétérogénéité de la pratique et de la théorie, bien différent d'un froid théoricien seulement préoccupé de certitude « mathématique », et proposant « trois ou quatre maximes » (on notera l'indécision de ce dénombrement, assez inhabituelle chez Descartes ; voir sur ce point Beyssade 2001, p. 237-258) qui forment comme un guide des égarés destiné à organiser la conduite de ceux qui se cherchent en des temps incertains.

La première maxime prône une forme de conformisme idéologique. Elle contraste ainsi avec le rejet des opinions reçues que Descartes préconise dans le champ théorique. En matière religieuse, elle se spécifie en une fidélité à ce qui a été reçu lors de l'enfance – laquelle sera au contraire, en matière de science, désignée comme le lieu où se sont constitués les préjugés dont il faut se débarrasser (voir PP I, art. 1 et 71) : « obéir aux lois et aux coutumes de mon pays, retenant constamment [avec constance, résolument] la religion en laquelle Dieu m'a fait la grâce d'être instruit dès mon enfance, et me gouvernant en toute autre chose suivant les opinions les plus modérées et les plus éloignées de l'excès qui fussent communément reçues en pratique par les mieux sensés de ceux avec lesquels j'aurais à vivre ». La partie religieuse de cette maxime a été l'objet de différentes interprétations, certains y décelant de l'ironie ou une volonté de désacraliser la religion, en la rabattant sur le cas de la « coutume ». Mais il n'y a pas vraiment de raison tant biographique (Descartes resta catholique même dans les Provinces-Unies réformées) qu'intellectuelle de ne pas prendre au sérieux cette déclaration, à qui la présence du thème technique de la « grâce » peut même conférer un certain poids théologique. Plus généralement, on peut trouver décevante, assez plate, cette volonté proclamée de se soumettre à ce qui « se fait », à ce qu'Heidegger aurait appelé le « on ». Mais il ne faut pas oublier : 1) qu'il ne s'agit ici que d'une posture adoptée à titre provisoire ; 2) que Descartes ne se propose pas de suivre les façons d'agir de n'importe qui, mais seulement des « mieux sensés » de ceux qu'il côtoie ; 3) que lorsque Descartes décide ainsi « d'obéir aux lois et coutumes de son pays », ce n'est pas tant la vérité des opinions et des comportements coutumiers qu'il prend en compte, que leur « utilité », la commodité qu'ils procurent pour continuer à vivre, et notamment à vivre en paix, de façon à pouvoir philosopher en toute tranquillité : le conformisme idéologique et social n'est pas ici une fin en soi, mais un moyen pour obtenir et conserver le « loisir » (voir *DM* VI, AT VI 74 et 78) qui permettra de poursuivre et d'atteindre le but qu'on s'est fixé. En matière de morale, cette première maxime trace ainsi un chemin intermédiaire entre le conformisme dogmatique et naïf (*il faut* faire comme « on fait ») et l'anticonformisme révolté (*il faut* systématiquement prendre le contrepied des conventions). Pascal reviendra sur ce thème, avec le thème du respect des « grandeurs d'établissement » dans le *Discours sur la condition des grands*, et ses réflexions sur les « habiles » : « Gradation. Le peuple honore les personnes de grande naissance, les demi-habiles les méprisent disant que la naissance n'est pas un avantage de la personne mais du hasard. Les habiles les honorent, non par la pensée du peuple mais par la pensée de derrière [c'est-à-dire sans être dupes]. Il faut avoir une pensée de derrière, et juger de tout par là, en parlant cependant comme le peuple » (*Pensées*, Lafuma, 90-91).

La deuxième maxime développe une ample et riche comparaison avec les voyageurs « égarés en quelque forêt ». Son thème dominant est celui, fréquent chez cet auteur volontariste qu'est Descartes, de la « ferme et constante résolution », qui s'oppose à la versatilité, aux hésitations du pusillanime ou à ces amères passions que sont remords et repentir (voir PA, art. 60, 63, 177). L'urgence de la vie pousse en effet à prendre des décisions seulement probables, voire arbitraires. Mais deux choses sont assurées : il vaut mieux se décider que suspendre son jugement, à la façon dont il est préférable, pour le voyageur égaré en forêt, de choisir une direction pour essayer d'en sortir plutôt que de rester là où il est ; et une fois la décision prise, le mieux à faire est, jusqu'à plus ample informé, de s'y tenir, à la façon dont le voyageur égaré en forêt et ayant sélectionné une direction a tout intérêt à la conserver, plutôt que de se mettre à « tournoyer ». Cette comparaison suppose évidemment que la forêt possède une lisière, c'est-à-dire qu'on pourra un jour quitter le provisoire pour parvenir à des connaissances vraies. Le thème de la résolution – et donc du meilleur usage possible de la liberté de notre volonté – ici mis en avant est comme une préfiguration de ce que la morale de la maturité appellera la « générosité » (voir PA, art. 153 et *infra* p. 135-140).

La phrase centrale de la troisième maxime est passée en proverbe philosophique : « tâcher toujours plutôt à me vaincre que la fortune et à changer mes désirs que l'ordre du monde ». L'essentiel du contenu de cette maxime consiste en une reprise sélective de thèmes stoïciens : apprendre à accepter, ou à ne pas refuser, sur ce quoi nous n'avons aucune prise; concentrer nos efforts sur ce qui dépend de nous, c'est-à-dire nos « pensées », etc. Il existe un réel intérêt de Descartes pour les auteurs stoïciens, Sénèque étant par exemple abondamment cité et commenté dans la correspondance avec Élisabeth. Mais on ne tirera pas de cette troisième maxime des conclusions trop hâtives sur un prétendu « stoïcisme » de Descartes : sa valorisation de l'usage des passions en quoi il place « toute la douceur et la félicité de cette vie » (*à Newcastle*, mars –avril 1648, AT V 135) semble éloignée du thème stoïcien de l'*apathie*; les éléments éthiques ici retenus ne le sont que « par provision », quand, chez les stoïciens, la morale est pensée comme le couronnement d'une science certaine; enfin, cette sélection d'un stoïcisme par provision est comme l'application, dans le champ intellectuel et moral, du conformisme idéologique prôné par la première maxime : à la fin du XVIe et au début du XVIIe siècles s'était en effet développé un vigoureux courant néostoïcien (Juste Lipse, Guillaume du Vair, Pierre Charron) si bien que Descartes ne fait probablement ici rien d'autre que d'accepter de régler provisoirement sa pratique sur les positions éthiques de « mieux sensés » qu'il côtoyait.

La quatrième des « trois ou quatre maximes » enjoint de continuer à chercher la vérité et faire de la philosophie : « employer toute ma vie à cultiver ma raison, et m'avancer autant que je pourrais en la connaissance de la vérité suivant la méthode que je m'étais prescrite ». Elle a effectivement un statut particulier (ce qui explique sans doute l'hésitation sur le « trois ou quatre ») dans la mesure où Descartes ne prétend pas qu'elle soit applicable à toute personne, à la différence des trois précédentes. Elle constitue en outre comme leur condition de possibilité, puisque « les trois maximes précédentes n'étaient fondées que sur le dessein que j'avais de continuer à m'instruire ». On y remarquera l'insistance sur un thème récurrent chez Descartes : le fait d'être « content », d'éprouver les « extrêmes contentements » que procure la conscience d'avoir « fait tout son mieux » en usant bien de sa liberté et en « cultivant sa raison ».

Le lecteur pourra chercher dans quelle mesure Descartes appliqua cette morale par provision non seulement biographiquement parlant, mais aussi dans les textes rendant compte de la façon dont il conduisit ses recherches. Ainsi, à la charnière des Méditations I et II (AT IX 18-19), le méditant est un instant gagné par une série d'affects négatifs (crainte, appréhension) et saisi par le découragement, parce qu'il redoute de s'être trompé de voie en se lançant dans l'opération du doute « hyperbolique ». Le choix de Descartes apparaît alors comme une application scrupuleuse de la deuxième maxime de la morale par provision, qui enjoint en l'occurrence au méditant de persévérer en cette voie dubitative dont il ne sait plus trop où elle le mène, parce que c'est celle qui a été choisie : « Je *m'efforcerai* néanmoins, et suivrai *derechef* la même voie où j'étais entré hier, en m'éloignant de tout ce en quoi je pourrai imaginer le moindre doute, tout de même que si je connaissais que cela fût absolument faux ; et *je continuerai toujours dans ce chemin*, jusqu'à ce que j'aie rencontré quelque chose de certain ou du moins, si je ne puis autre chose, jusqu'à ce que j'aie appris certainement, qu'il n'y a rien au monde de certain » (AT IX 18-19).

La question de la façon dont cette morale « par provision » a été dépassée, et remplacée, par « la plus haute et la plus parfaite morale », définitive celle-là et qui devait couronner l'arbre de la philosophie, constitue un lieu disputé du commentaire cartésien. Dans la seconde moitié des années 1640 – alors donc qu'il avait constitué l'essentiel de sa philosophie (soit la racine, le tronc et quelques branches de l'arbre) – Descartes aborda certes à nouveau les questions de morale (au moins *lato sensu* : ce qui concerne les « mœurs », le comportement à adopter). Ce fut notamment le cas dans ses correspondances avec la Princesse Élisabeth, la Reine Christine et Pierre Chanut, et de façon plus marquante encore dans les *Passions de l'âme*. Mais il n'est pas évident que ces textes présentent une morale *stricto sensu*, si on entend par là un ensemble de règles suffisamment précises pour être applicables, comme l'étaient les « trois ou quatre maximes » du *Discours*. De plus, dans une *Lettre à Élisabeth* du 04-08-1645 (AT IV 263-268, un texte tardif, donc), Descartes explique qu'en matière de morale « chacun se peut rendre content de soi-même et sans rien attendre d'ailleurs, pourvu seulement qu'il observe trois choses, auxquelles se rapportent les trois règles de morale, que j'ai mises dans le *Discours de la Méthode* ». On s'est donc demandé dans quelle mesure le « provisoire » de 1619, et 1637, n'était pas devenu en un sens « définitif », c'est-à-dire si Descartes n'avait pas échoué dans son projet de constitution d'une morale affectée du plus grand coefficient de certitude possible. Certains commentateurs estiment néanmoins qu'on trouve bien dans les textes des années 1645-1650 « la plus haute et la plus parfaite morale » (Renault 2000, p. 139-151 ; Kambouchner 2008, p. 311-338). On reviendra plus bas sur ce point.

LA MÉTHODE ; ÉLÉMENTS DE THÉORIE
DE LA CONNAISSANCE

> Après cela il doit aussi étudier la Logique : non pas celle
> de l'École, car elle n'est à proprement parler qu'une
> Dialectique qui enseigne les moyens de faire entendre à
> autrui les choses qu'on sait, ou même aussi de dire sans
> jugement plusieurs paroles touchant celles qu'on ne sait
> pas, et ainsi elle corrompt le bon sens plutôt qu'elle ne
> l'augmente ; mais celle qui apprend à bien conduire sa
> raison pour découvrir les vérités qu'on ignore.

Critique de la « logique » et définition de la méthode

À plusieurs reprises (RDI X, AT X 406, Alq I 129-130 ; RDI XIII, AT X 430, Alq I 158-159 ; DM II, AT VI 17) Descartes a critiqué la logique des aristotéliciens de « L'École », avec des arguments appelés à une certaine postérité (Locke, Kant, etc.) : la conclusion d'un syllogisme étant déjà contenue dans ses prémisses, il n'amène pas à un résultat à proprement parler nouveau ; dès lors, dans le meilleur des cas, c'est-à-dire lorsqu'on n'en mésuse pas, cette « logique » n'est pas un outil de découverte et de constitution de la science, mais une « rhétorique », une façon d'exposer un savoir constitué par d'autres voies. Le terme proprement cartésien pour désigner la véritable « logique », c'est-à-dire l'art de bien penser ou, comme le dit le titre développé du *Discours*, de « bien conduire sa raison », est « méthode ». Les deux principaux exposés en matière de « méthode » sont la partie II du *Discours*, qui est là encore un simple abrégé, et, de façon beaucoup plus développée, les *Règles pour la direction de l'esprit*, qui constituent, bien davantage que la partie II du *Discours*, le « discours sur la méthode » cartésien.

Le terme « méthode » est défini dans la Règle IV :
« Par méthode [j'entends] des règles certaines et faciles
par l'observation exacte desquelles on sera sûr de ne
jamais prendre une erreur pour une vérité, et, sans y
dépenser inutilement les forces de son esprit, mais en
accroissant son savoir par un progrès continu, de parvenir
à la connaissance vraie de tout ce dont on sera capable »
(AT X 371-372, Alq I 91).

Cette définition de la « méthode » peut donner
lieu à quelques malentendus. En premier lieu, on ne se
méprendra pas sur le thème de la « facilité » qui domine
le début des *Regulae* et qu'on trouve aussi dans les
dernières lignes de *La Géométrie* (AT VI 485) : « en
matière de progressions mathématiques, lorsqu'on a les
deux ou trois premiers termes, *il n'est pas malaisé* de
trouver les autres ». La notion de facilité n'a pas ici un
sens psychologique, qui signifierait que la découverte de
vérités est à tous égards aisée et se réalise sans efforts ni
obstacles. On le comprend mieux à l'aide de l'exemple
(Règle VI, AT X 386-387, Alq I 107-108) d'une série
mathématique qui se définit par son premier terme et la
réitération d'une loi (par ex., « fois 2 » : 3, 6, 12, etc.).
La « facilité » réside en ce que cette série se constitue par
la seule réutilisation d'un type d'opération préalablement
défini, qui met en relation des termes déjà constitués et un
nouvel élément. Les choses sont ainsi rendues « faciles »
par la production de règles de construction et de mise en
ordre des éléments du savoir. Le « facile » est donc, chez
Descartes, ce qui se pense clairement et distinctement
dans un rapport d'ordre.

En second lieu, on sera déçu à la lecture des textes cartésiens si par « méthode » on entend, ou attend, une sorte de mode d'emploi détaillé pour bien penser, une série de règles ou de protocoles toujours applicables et qui produiraient mécaniquement du savoir correctement formé. Une *Lettre à Mersenne* de mars 1637, dans laquelle Descartes discute avec son correspondant du titre du *Discours* alors à paraître, est ici éclairante : « Je ne mets pas *Traité de la méthode*, mais *Discours de la méthode*, ce qui est le même que *Préface* ou *Avis touchant la méthode*, pour montrer que je n'ai pas dessein de l'enseigner, mais seulement d'en parler. Car, comme on peut voir de ce que j'en dis, elle consiste plus en pratique qu'en théorie ; et je nomme les traités suivants des *Essais de cette méthode*, parce que je prétends que les choses qu'ils contiennent n'ont pu être trouvées sans elle, et qu'on peut connaître par eux ce qu'elle vaut » (AT I 349 ; voir aussi *à Mersenne* du 27-04-1637 (?), AT I 370 : « Je propose […] une méthode générale, laquelle véritablement je n'enseigne pas, mais je tâche d'en donner des preuves par les trois traités suivants, que je joins au Discours où j'en parle »). Dire que « la méthode consiste plus en pratique qu'en théorie » signifie qu'elle n'est pas entendue comme un préalable à la science, mais qu'elle est avant tout le fruit d'une réflexion sur ce qui fait la scientificité de la science, et la vérité du vrai. La méthode est ainsi le savoir en acte, en train de s'édifier tout en prenant conscience des conditions de cette édification ou encore, selon la belle expression déjà citée de Georges Canguilhem, « la conscience de la science ».

Les quatre préceptes
de la méthode ; intuition et déduction

Les quatre préceptes qui composent le fort laconique exposé de la « méthode » dans la partie II du *Discours* étant avant tout un abrégé des *Règles pour la direction de l'esprit*, il convient de les éclairer par ce dernier texte. Il n'est pas exclu néanmoins que ce laconisme ait aussi valeur de thèse philosophique, par exemple comme expression d'une sorte de principe d'économie méthodologique ou d'un « rasoir de Descartes » préconisant de veiller à ne pas « multiplier les règles [de méthode] sans nécessité » : le contraste entre ces quatre préceptes et les deux cent cinquante-six formes de syllogisme répertoriées par la tradition aristotélicienne est en ce sens frappant, tout comme, dans une moindre mesure, celui entre les quatre préceptes et les nombreuses « règles » des *Regulae*.

Le premier précepte, parfois appelé règle de l'évidence, enjoint de « ne recevoir jamais aucune chose pour vraie que je ne la connusse évidemment être telle : c'est-à-dire d'éviter soigneusement la précipitation [juger trop vite] et la prévention [admettre sans réfléchir des « préjugés »] et de ne comprendre rien de plus en mes jugements que ce qui se présenterait si clairement et si distinctement à mon esprit que je n'eusse aucune occasion de le mettre en doute ». La Méditation III (AT IX 27) nomme « règle générale » ce critère de la vérité, déterminé par une analyse du type de présence à l'esprit de la vérité absolument indubitable qu'est le *cogito* : « toutes les choses que nous concevons fort clairement et fort distinctement sont toutes vraies ». La clarté et la distinction sont définies dans les *Principes* (I art. 45-46) : une perception est claire quand elle « est présente et manifeste à un esprit attentif »; elle est distincte quand « elle est tellement [i.e. : de telle façon] précise et différente de toutes les autres qu'elle ne comprend en soi que ce qui paraît manifestement à celui qui la considère comme il faut ». Une idée peut donc être claire (j'y pense, elle est manifestement présente à mon esprit) sans pour autant être distincte (je ne suis pas sûr de la différencier correctement d'autres idées perçues en même temps qu'elle) : c'est par exemple, explique Descartes dans les *Principes*, le cas d'une douleur vive et nette (claire) dont j'ignore la cause et la nature précises. Une idée distincte est, en revanche, toujours claire. On (par ex. Leibniz, dans les *Méditations sur la connaissance, la vérité et les idées*) a reproché à ce critère de la vérité cartésien d'être trop « psychologique », de risquer de faire prendre de simples formes de la conscience, ou une sorte de sincérité subjective dans le rapport qu'un individu entretient à ses propres pensées, pour une marque suffisante de la présence du vrai. C'est sans doute méconnaître l'extrême exigence de Descartes dans l'usage de son critère, qu'on voit à l'œuvre dans les textes où le philosophe s'efforce de passer d'une perception obscure et confuse à une perception claire et distincte, comme la fameuse analyse dite du « morceau de cire » (MM II, AT IX 23-25) : clarté et distinction ne peuvent être obtenues qu'au terme d'un patient et méticuleux travail d'élucidation de nos représentations. On remarquera enfin que, de façon classique, Descartes se sert en général d'un lexique emprunté au domaine de la vision pour exprimer les phénomènes cognitifs (*intuitus* = coup d'œil ; regard de l'esprit, *acies mentis* ; obscurité, clarté et distinction ; lumière naturelle ; « ténèbres » de l'erreur, etc.). La

Règle IX compare ainsi longuement l'action de l'esprit
(l'*intuitus*) et celle des yeux.

Quels que soient le domaine de la philosophie
considéré ou la vérité *philosophique* dont il est question,
Descartes maintient cette exigence de clarté et de
distinction. C'est non seulement le signe de sa haute
rigueur intellectuelle, mais aussi l'indice de l'unité du
savoir tel qu'il entend le bâtir, et, plus encore, la marque de
ce qui est au principe de cette unité : l'esprit, qui applique
partout et identiquement sa puissance de penser dont
la première manifestation est justement cette capacité
d'investigation ordonnée qu'on appelle méthode. La
thèse est posée dès le début des *Règles pour la direction
de l'esprit* : « Toutes les sciences ne sont en effet rien
d'autre que l'humaine sagesse, qui demeure toujours une
et identique à elle-même, quelque différents que soient les
objets auxquels elle s'applique, et qui ne reçoit pas d'eux
plus de diversité que n'en reçoit la lumière du soleil de
la variété des choses qu'elle éclaire » (RDI I, AT X 360,
Alq I 78). Ce n'est donc pas la nature présumée du réel
(le « cosmos » et ses articulations) ou de l'objet connu
qui impose la manière dont les choses sont disposées
dans la science. La structure de cette science, l'« ordre »,
est à l'inverse suscitée par notre manière de penser les
choses. On peut ainsi parler d'une révolution cartésienne,
qui n'est pas loin d'être « copernicienne » au sens où
Kant l'entendra cent cinquante ans plus tard : c'est la
pensée, et non plus l'objet pensé, qui organise le savoir
et définit ses modalités de constitution. L'esprit fait la loi,
et cette loi s'appelle méthode, si bien que l'organisation
systématique de la connaissance n'a plus à reproduire
l'ordre du réel, mais à construire l'ordre des évidences
(voir aussi RDI X, AT X 404 ; Alq I 127 : « la méthode

[…] n'est le plus souvent rien d'autre que l'observation scrupuleuse d'un ordre, que cet ordre existe dans la chose même ou bien qu'on l'ait ingénieusement introduit par la pensée »). On saisit cette originalité méthodologique si l'on compare, par exemple, l'ordre cartésien d'exposition du savoir avec celui de la *Somme théologique* de Thomas d'Aquin, ou de l'*Éthique* de Spinoza. Dans ces ouvrages, l'ordre de présentation du savoir philosophique reproduit, mime, celui de l'engendrement de la réalité : on part de Dieu puis on descend aux créatures qui en émanent. En sa structure propre, la réalité telle que Descartes la conçoit correspond sans doute à ce schéma, mais l'ordre d'exposition du savoir choisi par l'auteur des *Méditations* s'en démarque : on part de l'*ego* (« cogito ») puis on pose à partir de là l'existence de Dieu.

La deuxième règle est souvent appelée « règle de l'analyse » : « diviser chacune des difficultés que j'examinerais en autant de parcelles qu'il se pourrait, et qu'il serait requis pour les mieux résoudre ». Il s'agit donc de décomposer la difficulté sur laquelle on travaille jusqu'à apercevoir clairement les éléments simples qui la composent. Les *Règles pour la direction de l'esprit* (notamment V, VI, XIII et XIV) apportent de nombreuses précisions sur cette division des problèmes en éléments simples. L'existence des plus simples de ces idées simples, celles qui ne se réduisent pas à d'autres idées et qui viennent en premier dans l'ordre de l'édification des connaissances, est un thème constant de la théorie de la connaissance cartésienne, même si la façon de les désigner a varié : les *Règles pour la direction de l'esprit* (Règle XII) parlent de « natures simples » (*simplices naturae*), le *Discours* (AT VI 64) de « semences de vérités », la correspondance avec Élisabeth (*à Élisabeth* du 21-05-1643) de « notions primitives », les *Principes* (art. 47) de « premières notions » ou, dans le texte latin, de « notions simples » (*simplices notiones*), les commentateurs usent souvent de l'expression « idées innées », que Descartes n'emploie pas dans ses textes écrits en français (mais il utilise l'adjectif latin *innatus*). De ces « idées innées », Descartes a fourni plusieurs dénombrements qui ne sont pas exactement identiques et ne prétendent pas semble-t-il à l'exhaustivité. Les plus clairs sont ceux de la Règle XII (AT X 419, Alq I 145), de la *Lettre à Élisabeth* du 21-05-1643 (AT III 665) et, surtout, celui des *Principes*, I art. 48, dont nous suivrons ici le texte latin et qui apparaît comme une « table des catégories » du cartésianisme, mais dans une démarche que Kant aurait caractérisée comme plus « rhapsodique » que « systématique ». Ce texte des *Principes* I art. 48 se propose de « dénombrer sommairement toutes les notions simples dont nos pensées sont composées » (art. 47) en les réunissant en quatre groupes : « les plus générales […] qui s'étendent à tous les genres de choses », comme « la substance, la durée, l'ordre, le nombre et toutes les autres de ce type s'il y en a » ; celles qui concernent la « substance pensante », c'est-à-dire « la perception, la volition et tous les modes de percevoir aussi bien que de vouloir » ; celles qui concernent la « substance étendue » comme « la grandeur ou l'étendue elle-même en longueur, largeur et profondeur, la figure, le mouvement, la situation, la divisibilité des parties » ; celles qui concernent « l'union étroite et intime de notre esprit avec un corps », comme « les appétits […] les émotions ou les passions de l'âme […] et enfin toutes les sensations ».

Ces « idées innées » dessinent comme une carte des différentes régions de l'univers selon Descartes (l'esprit, le corps, leur union) et portent toutes sur des « choses ». Certains dénombrements cartésiens leur ajoutent des « vérités éternelles qui n'ont aucune existence en dehors de notre pensée » ou des « axiomes » (PP I, 48 et 49) dont les *Regulae* expliquent qu'ils sont « comme des liens servant à relier entre elles les autres natures simples et sur l'évidence desquels reposent toutes les conclusions que nous atteignons par le raisonnement » (RDI XII, AT X 419, Alq I 145), comme par exemple « rien ne se fait à partir de rien », « il est impossible qu'une même chose soit et ne soit pas en même temps », etc.

Il faut se garder d'une interprétation naïve ou caricaturale de ce thème des idées « innées » (*innatae* « nées avec nous ») que, dans une tripartition célèbre (MM III, AT IX 29 ; *à Mersenne* du 16-06-1641, AT III 383) Descartes distingue des idées factices (*factae ou factitiae*, c'est-à-dire fabriquées, comme l'idée d'une chimère) et adventices (*adventitiae*, c'est-à-dire venues d'hors de nous, comme la plupart des sensations). Cet innéisme ne signifie évidemment pas que les bébés accèdent directement aux idées claires et distinctes de durée, de substance, etc., mais qu'il s'agit là d'idées qu'au moyen d'un effort intellectuel adéquat, nous pouvons trouver en nous : par exemple, du seul fait que je suis une substance qui pense et dure, j'ai en moi (« innées », donc) les idées de substance, d'unité, de pensée et de durée. De même, on évitera de voir dans l'innéisme une théorie de la connaissance statique, qui prétendrait que l'esprit n'aurait qu'à piocher, lorsque le besoin s'en fait sentir, dans un stock toujours présent d'idées toutes faites, ou encore dans ce que Malebranche appelle ironiquement un « magasin de toutes les idées » (*Recherche de la vérité*, III, II, chap. 7). À plusieurs reprises (notamment en NPG, art. 12-13-14, qui donnent de nombreuses précisions sur la nature de son « innéisme »), Descartes insiste sur l'activité constructrice de l'esprit à partir des idées innées qu'il possède : « Lorsque je dis que quelque idée est née avec nous [*esse innatam*] […] je n'entends pas qu'elle se présente toujours à notre pensée […] mais seulement que nous avons en nous-mêmes la faculté de la produire [*facultatem illam eliciendi*] » (IIIes Rép., AT IX 147). Le thème des idées innées véhicule donc moins une interrogation chronologique sur l'origine de nos représentations qu'une enquête « archéologique » destinée à faire apparaître les constituants primitifs (d'autres diront : les conditions de possibilité) de nos connaissances. D'où aussi l'affirmation que ces idées, si elles ne sont pas à proprement parler indéfinissables, sont telles que « lorsqu'on veut [les] définir, on les obscurcit et on s'embarrasse » (*à Mersenne* du 16-10-1639, AT II 597 ; voir aussi PP I, art. 10) : l'explication du primitif et du clair par du dérivé et du moins immédiatement connu obscurcit de façon inévitable ce qui est de soi évident (*à Élisabeth*, 21-05-1643, AT III 665-666 ; RV, AT X 523-524, Alq II 1136 : « il y a plusieurs choses que nous rendons plus obscures en voulant les définir parce que, comme elles sont très simples et très claires, il est impossible de les savoir et de les comprendre mieux que par elles-mêmes. Bien plus, au nombre des plus grandes erreurs que l'on puisse commettre dans les sciences, il faut compter peut-être l'erreur de ceux qui veulent définir ce qui ne se doit que concevoir […] et qui ne peuvent discerner ce qui, pour être connu, exige et mérite d'être défini, de ce qui est très bien connu par soi-même »). En ce sens, l'évidence se constitue moins en des opérations de logique explicative que par la présence à l'esprit d'une certitude qui relève plus de la vision (l'« intuition », dont il va être question) que de la définition.

La troisième règle demande de « conduire par ordre mes pensées, en commençant par les objets les plus simples et les plus aisés à connaître, pour monter peu à peu comme par degrés jusques à la connaissance des plus composés [en] supposant même de l'ordre entre ceux qui ne se précèdent point naturellement les uns les autres ». Ce passage du « simple » au « composé » décrit le mouvement de composition des natures simples dont il vient d'être question, ainsi que l'articulation des deux principales opérations de l'entendement que distingue la troisième des *Regulae* : l'intuition (*intuitus*) et la déduction (*deductio*). Le concept d'intuition peut induire en erreur, notamment à cause du poids sémantique dont la tradition kantienne a lesté ce terme (« intuition sensible »), ou bien à cause du sens actuel de cette notion (avoir du flair, une sorte de sixième sens qui serait réservé à quelques individus particuliers). Dans *intuitus*, Descartes entend le sens latin du mot : coup d'œil, clin d'œil, regard rapide et précis. Avoir l'intuition d'une vérité (qui peut, précise Descartes, être un « rapport » entre des éléments), c'est l'apercevoir intellectuellement de façon claire, distincte et comme instantanée, par un acte unique de l'esprit, « tout entière en un seul moment » (*tota simul et non successive*, RDI, XI, AT X 407, Alq I 131). La déduction, elle, signifie « tout ce qui se conclut nécessairement de certaines choses connues avec certitude […] parce que la plupart des choses sont l'objet d'une connaissance certaine tout en n'étant pas par elles-mêmes évidentes. [...] [l'intuition se distingue de la déduction] en ce que l'on conçoit dans l'une une sorte de mouvement ou de succession, et non pas dans l'autre; et parce qu'en outre, pour la déduction, il n'est pas besoin comme pour l'intuition d'une évidence actuelle, mais que c'est à la mémoire qu'elle emprunte, d'une certaine manière, sa certitude. [...] Les premiers principes eux-mêmes ne sont connus que par l'intuition, tandis que les conclusions éloignées ne sauraient l'être que par la déduction » (RDI III, AT X 369-370, Alq I 88-90). Tout raisonnement quelque peu complexe se constitue donc par déduction, mais Descartes (RDI VII, XI) préconise qu'on tente de ramener autant que possible la déduction à l'intuition. C'est le rôle de l'*énumération* ou dénombrement, qui consiste à parcourir à plusieurs reprises, et à chaque fois de plus en plus rapidement, une chaine de vérités jusqu'à les apercevoir *uno intuitu*, d'un coup d'œil. Par cette opération et idéalement au moins, toute connaissance valide finirait par s'aligner sur le modèle de l'intuition. Et c'est cette opération qu'évoque le quatrième précepte de la méthode : « faire partout des dénombrements si entiers et des revues si générales que je fusse assuré de ne rien omettre ».

L'ordre et « l'exposé géométrique »

Ainsi généralement envisagée, la méthode « enseigne à *suivre le vrai ordre*, et à dénombrer exactement toutes les circonstances de ce qu'on cherche » (DM II, AT VI 21 ; voir aussi RDI V, AT X 379, Alq I 100 : « toute la méthode consiste dans la *mise en ordre* et la disposition des objets vers lesquels il faut tourner le regard de l'esprit pour découvrir quelque vérité »). Sur ce concept central d'ordre, outre les passages des *Regulae* dont il va être question, le texte de Descartes le plus marquant se trouve à la fin des *Réponses aux Deuxièmes objections* (AT IX 121 *sq.*). Les rédacteurs des *Deuxièmes objections* estimaient semble-t-il que les *Méditations* contenaient certaines obscurités, et ils demandèrent à Descartes d'en présenter le contenu « selon la méthode des géomètres » (AT IX 101). Descartes s'exécuta, manifestement d'assez mauvaise grâce, et consentit à donner une notable partie de sa métaphysique disposée *more geometrico* (AT IX 124-132 ; cette façon d'exposer la philosophie sera généralisée par Spinoza dans son *Éthique*). Cet « exposé géométrique » propose ainsi la même doctrine que celle des *Méditations*, mais présentée de façon différente : par exemple, l'ordre des différents arguments cartésiens en faveur de l'existence de Dieu n'est pas le même dans les deux textes. Mais surtout, juste avant cet « exposé géométrique », Descartes fournit une importante mise au point sur la notion d'ordre et la façon de présenter des démonstrations en philosophie (AT IX 121-123). « L'ordre consiste en cela seulement que les choses qui sont proposées les premières doivent être connues sans l'aide des suivantes, et que les suivantes doivent après être disposées de telle façon qu'elles soient démontrées par les seules choses qui précèdent ». L'ordre se définit donc par l'irréversibilité démonstrative, et rend raison de l'agencement successif d'énoncés liés entre eux par des liens déductifs rigoureux (voir aussi LPPP, AT IX 2 : les « principes », c'est-à-dire les premiers éléments de la connaissance, doivent être tels « que ce soit d'eux que dépende la connaissance des autres choses, en sorte qu'ils puissent être connus sans elles, mais non pas réciproquement elles sans eux »). Cela posé, Descartes distingue deux « manières de démontrer » (le latin dit aussi : deux « styles »), toutes deux « ordonnées ». L'« analyse » « montre la vraie voie par laquelle une chose a été méthodiquement inventée » : elle restitue fidèlement la démarche qui a permis la découverte d'énoncés vrais et la constitution du savoir, elle a pour avantage de permettre au lecteur de s'approprier la démarche de l'auteur, et pour inconvénient d'être compliquée, parce qu'elle réclame attention, effort et concentration pour suivre les sinuosités démonstratives de cet ordre de la découverte. Descartes précise ensuite que les *Méditations* ont été écrites suivant cette « voie analytique », qui est selon lui « la plus vraie et la plus propre pour enseigner », du moins en métaphysique. Mais il existe un second « style », la « synthèse », qui réexpose *a posteriori* et avec tout un arsenal démonstratif contraignant et explicite (définitions, axiomes, propositions, démonstrations), le savoir découvert par la voie analytique. L'avantage de la synthèse est qu'elle se révèle pleinement convaincante : elle « arrache le consentement du lecteur, tant obstiné et opiniâtre qu'il puisse être », écrit Descartes non sans une certaine insolence envers les « lecteurs/objecteurs » à qui il s'adresse. Elle a pour inconvénient de ne pas restituer la véritable façon dont la théorie a été constituée, notamment en métaphysique. Dans ce texte important, Descartes ne fournit donc pas seulement une mise au point sur le thème de l'ordre, dont le commentateur Martial Gueroult fit la clé de sa lecture de la pensée cartésienne (Gueroult 1953). Il explique aussi ce qui fait selon lui la singularité « stylistique » de son maître-ouvrage, les *Méditations* : elles sont rédigées analytiquement. Le couple analyse/synthèse offre ensuite un système de classification des textes de Descartes (ou au moins des différents exposés de sa métaphysique). Deux textes sont stylistiquement bien définis : les *Méditations*, analytiques ; l'exposé géométrique, synthétique ; les autres textes, dont, par exemple, la première partie des *Principes*, sont probablement rédigés dans un « style » intermédiaire, ou mixte. On rencontre aussi en ce texte un Descartes soucieux de rhétorique, c'est-à-dire préoccupé par les formes permettant non seulement l'exposition fidèle de sa pensée, mais aussi sa réception correcte par le public visé. Ces variations stylistiques peuvent ainsi servir de base à une réflexion sur les principes fondamentaux de la pédagogie cartésienne, qui est habitée par une forme de tension entre deux pôles : d'une part, l'affirmation d'une capacité de droit universelle à atteindre la vérité (« J'ai pris garde, en examinant le naturel de plusieurs esprits, qu'il n'y en a presque point de si grossiers ni de si tardifs qu'ils ne fussent capables d'entrer dans les bons sentiments, et même d'acquérir toutes les plus hautes sciences, s'ils étaient conduits comme il faut. [...] Je voudrais assurer ceux qui se défient trop de leur forces qu'il n'y a aucune chose en mes écrits qu'ils ne puissent entièrement entendre s'ils prennent la peine de les examiner » LPPP, AT IX 12-13 ; voir aussi RV, AT X 495-496 et 518) ; et d'autre part la nécessité de prendre en compte, dans les faits, des systèmes de variations individuelles, ces « qualités d'esprit » qui sont changeantes d'un esprit à un autre, comme le précisent les *Règles pour la direction de l'esprit* et le *Discours* I, en en distinguant trois principales : promptitude de la

pensée, capacité à imaginer, mémoire. Cette tension
habite aussi la célèbre page d'ouverture du *Discours de
la méthode* (AT VI 1-2) qui tout à la fois proclame l'universalité d'une capacité à bien penser (« le bon sens
est la chose du monde la mieux partagée »), constate
qu'on en mésuse de façon là encore quasi universelle et
conclut que rares sont en définitive les esprits capables
de droitement philosopher (voir aussi *à Mersenne* du 16-
10-1639, AT II 598 : « tous les hommes [ont] une même
lumière naturelle [...] mais il n'y a presque personne qui
se serve bien de cette lumière »). Enfin, ce passage des
Deuxièmes Réponses revient sur un thème déjà présent
dans les *Règles pour la direction de l'esprit* (IV, AT X
376-377, Alq I 96-97) : « les anciens géomètres [Euclide,
par ex.] avaient coutume de se servir seulement de
cette synthèse dans leurs écrits, non qu'ils ignorassent
entièrement l'analyse, mais [...] parce qu'ils en faisaient
tant d'état qu'ils la réservaient pour eux seuls comme
un secret d'importance ». Par contraste avec cette façon
qu'auraient eue les anciens de travailler clandestinement
en « analyse » pour constituer le savoir qu'ils exposaient
ensuite en « synthèse », le projet de Descartes est de
mettre au jour le tout de la méthode, sans rien cacher,
ni ses résultats ni la façon dont il y est parvenu. Le
dévoilement cartésien de la méthode est de ce point de
vue un acte à portée presque politique, qui manifeste le
souci de promouvoir un nouveau type de communauté
scientifique universelle (sur la manière d'aversion
cartésienne pour le « secret » en matière de théorie, voir
à Mersenne du 20-11-1629, AT I 78 : « sitôt que je vois
seulement le mot d'*arcanum* en quelque proposition, je
commence à en avoir une mauvaise opinion »).

La mathesis universalis

Immédiatement après l'exposé des quatre préceptes de la méthode, Descartes explique que « ces longues chaînes de raisons, toutes simples et faciles, dont les géomètres ont coutume de se servir pour parvenir à leurs plus difficiles démonstrations, m'avaient donné occasion de m'imaginer que toutes les choses qui peuvent tomber sous la connaissance des hommes s'entresuivent en même façon » (AT VI 19). En identifiant dans les mathématiques (et ici plus spécialement dans la géométrie) un modèle de rigueur démonstrative et des procédures applicables à l'ensemble de ce que nous pouvons bien connaître, ce texte du *Discours* fait écho au thème, décisif mais difficile et objet de nombreux débats entre commentateurs, de la *mathesis universalis*, la « mathématique universelle » (voir notamment Rabouin 2009 et de Buzon 2013). L'expression *mathesis universalis* n'est explicitement présente que dans la quatrième des *Regulae*, qui l'introduit ainsi : « Toutes les choses dans lesquelles c'est l'ordre ou la mesure [*ordo vel mensura*] que l'on examine se rapportent à la mathématique, peu importe que cette mesure soit à chercher dans des nombres, des figures, des astres, des sons, ou quelque autre objet ; par conséquent il doit y avoir une science générale [*scientia generalis*] qui explique tout ce qu'il est possible de rechercher touchant l'ordre et la mesure, sans assignation à quelque matière particulière que ce soit ; et cette science s'appelle […] la mathématique universelle [*mathesis universalis*], puisqu'elle contient tout ce en vertu de quoi l'on dit d'autres sciences qu'elles sont des parties de la mathématique » (AT X 378, Alq I 98-99). Généralement envisagé, le thème de la *mathesis universalis* promeut donc les mathématiques comme modèle de tout savoir vrai possible – ce qui revient à placer haut la barre en matière de certitude exigible en philosophie. Mais du point de vue « méthodique » qui commande ce texte, ce ne sont pas vraiment les *contenus* des mathématiques comme discipline déjà constituée qui importent pour Descartes. Ce dernier, quoiqu'assurément grand mathématicien, mettait même une certaine coquetterie à expliquer qu'il ne prétendait pas faire progresser cette discipline en lui apportant de nouveaux résultats (voir *infra*, p. 69). Et la Règle IV avait précisé : « Bien que je sois ici amené à parler souvent de figures et de nombres, puisqu'on ne peut demander à aucune autre science des exemples aussi évidents et aussi certains, quiconque considérera attentivement ma pensée s'apercevra facilement que je ne songe ici à rien moins qu'à la mathématique ordinaire, et que j'expose une autre discipline dont ces exemples sont les revêtements [*integumentum* : l'enveloppe, la couverture] plutôt que les parties constituantes » (RDI IV, AT X 373-374, Alq I 94). Dans cette « autre discipline » qu'est la *mathesis universalis*, l'intérêt de Descartes se porte donc sur ce qui est susceptible d'être universalisé dans la mathématique, c'est-à-dire sur ce qu'on peut extraire de ce domaine du savoir pour l'appliquer à d'autres « un peu plus élevés » (*polo altiores*) dit la Règle IV (AT X 379, Alq I 99) : l'ordre et la mesure, *ordo vel mensura*. Il a déjà été, et sera encore, question de l'ordre. Quel sens donner au concept de mesure ? Il n'est tout d'abord pas exclu que Descartes joue sur le sens éthique du mot : être mesuré, c'est faire preuve de pondération, de calme, et donc éviter ces deux défauts cardinaux que sont la précipitation et la prévention. La mesure est aussi le résultat de l'acte de mesurer, au sens de « quantifier » (voir RDI XIV, AT X 447, Alq I 178) et toute la seconde partie des *Regulae* tourne ainsi autour de la question d'un traitement mathématique *stricto sensu*, en termes de « rapport et proportions », des questions rencontrées. Enfin, comme l'indique le titre de la Règle V qui substitue l'expression « ordre et disposition » (*ordo et dispositio*) à « ordre et mesure », mesurer, c'est aussi déterminer la *place* d'un énoncé, c'est-à-dire lui assigner un lieu en même temps qu'une fonction dans une « chaîne de raisons ».

Les *Regulae*, plus explicitement et précisément que les textes de la maturité, réfléchissent donc à la façon dont les mathématiques offrent une méthode générale de traitement et de résolution des problèmes. Dans les Règles XII *sq.*, celles qui concernent les « questions parfaitement comprises », c'est par exemple le statut mathématique de l'inconnue (dans une équation) qui fournit le modèle pour penser le statut de l'inconnu (ce qu'on ne connaît pas en général), au moyen de trois types de questions : a) à quel signe l'objet que nous cherchons, l'inconnu, peut-il être reconnu quand il se présente ? b) de quoi devons-nous déduire cet objet, quel est le « connu » dont nous partons ? c) quels types de relation, de dépendance, ces objets entretiennent-ils entre eux ? Même si certains textes des *Regulae* (notamment XIV *sq.*, avant que le texte s'interrompe) semblent pousser plus loin que les œuvres ultérieures l'idée d'une mathématisation (via une mise en figure ou en équation) des problèmes non-mathématiques, l'idée de *mathesis universalis* ne semble pas signifier que Descartes entend traiter toutes les questions philosophiques sous forme de calculs. Il s'agit plutôt de tirer d'un domaine où l'efficacité des procédures mises en œuvre pour résoudre des problèmes a fait ses preuves ce qu'il y a d'universalisable dans cette méthode de résolution : une théorie des conditions de la mise en problèmes bien formés, une doctrine générale de « l'objet » en tant qu'il est connaissable. Pour cette raison les *Regulae*, comme d'ailleurs toute la philosophie de Descartes, offrent aussi une réflexion sur les limites du savoir humain : tout comme il y a des équations qu'on ne sait pas résoudre, ou qu'on résout de façon seulement hasardeuse, il existe en philosophie des problèmes qu'on n'a pas à se poser si on veut demeurer rigoureux – par exemple ceux qui tiennent à l'*incompréhensibilité* (au sens spécifique que Descartes donne à ce mot : voir *infra*, p. 101-102) d'un objet de connaissance.

Conclusions sur la méthode

Dans la philosophie de la maturité et les œuvres publiées du vivant de Descartes, c'est dans le domaine de la physique, avec l'édification d'une physique mathématique, que cette idée d'une structure globalement mathématique de la science et d'un traitement avant tout quantitatif des questions qu'elle rencontre trouve sa réalisation la plus explicite (PP II, art. 64 parle à ce sujet de *mathesis abstracta*). La « mathématisation » des questions sera moins poussée en métaphysique et morale, peut-être parce que Descartes a réalisé, dans les années 1630, qu'on ne pouvait pas appliquer exactement les mêmes procédures à l'ordre de l'esprit qu'à celui de la matière. Et si l'on considère les *Règles pour la direction de l'esprit* comme un ouvrage de jeunesse dont, la partie II du *Discours* mise à part, le contenu n'a pas d'écho dans les textes publiés après 1637, on a pu estimer qu'« on a sans doute surdéterminé l'importance de la méthode chez Descartes » (Devillairs 2013). Il est vrai qu'à un niveau explicite au moins, le « souci méthodologique » s'estompe dans les œuvres de la maturité. En revanche, quel que soit le domaine de la philosophie abordé, Descartes ne s'est jamais départi de sa volonté de procéder avec ordre et il peut ainsi être être éclairant de lire ses textes, notamment ceux où il expose la manière dont il a cherché la vérité, en s'y rapportant *méthodiquement*, c'est-à-dire en se demandant où et comment il y applique sa « méthode » : ainsi, dans les *Méditations*, on remarque, bien sûr, la mise en œuvre du critère de l'évidence (AT IX 27), mais aussi des décompositions de difficultés (par exemple celles portant sur le statut des idées dans la Méditation III), des dénombrements de natures simples (IX 15 ; IX 50) ou, souvent au début ou à la fin de chaque méditation, des récapitulations (« revues générales ») qui scandent le travail méditatif. De même, Descartes n'a jamais renoncé au modèle de la chaîne de raisons et de l'exigence de certitude maximale et homogène – sans déperdition lorsqu'on passe d'un maillon de la chaîne à un autre – qu'il implique. Les débats qui ont agité le commentaire cartésien autour du thème cardinal de « l'ordre des raisons » (Royaumont 1957, *passim*, et la synthèse de Macherey 2014-1) ont toutefois fait apparaître que la structure de ces chaînes démonstratives cartésiennes est parfois plus complexe, notamment en régime « méditatif », qu'une simple concaténation linéaire d'arguments. Chez Descartes, la suite ou série (*series*) des arguments est toujours aussi *nexus*, entrelacement : la *Préface au lecteur* des *Méditations* (AT VII 9, Alq II 393) évoque ainsi la *series et nexus mearum rationum*, « la suite et l'entrelacement de mes raisons ».

On comprend mieux à présent en quoi le « facile » méthodique dont parle Descartes ne signifie en aucun cas « aisé » ou « qui s'obtient sans effort ». Facile veut plutôt dire : offert à tous à condition que soient respectées les règles de méthode correctes. De ce point de vue, la théorie cartésienne de la méthode engage une épistémologie de l'humilité et de la patience. Humilité : « il faut tourner le regard de l'esprit vers les choses les plus insignifiantes et les plus faciles, et s'y attarder assez longtemps pour s'accoutumer à prendre de la vérité une intuition distincte et parfaitement nette » (RDI IX, titre). La valeur d'une connaissance ne tient donc pas au prestige de l'objet connu, mais à la qualité de la façon de le penser. De là les conseils frappants des *Regulae* qui recommandent de commencer par s'intéresser *méthodiquement* « aux techniques humaines même les plus insignifiantes, mais de préférence celles qui manifestent ou présupposent un ordre », comme « celles des artisans qui tissent des toiles ou des tapis, ou celles des femmes qui piquent à l'aiguille, ou tricotent des fils pour en faire des tissus de structure infiniment variée » (RDI X, AT 403-404, Alq I 126-127). Et ainsi « n'y ayant qu'une vérité de chaque chose, quiconque la trouve en sait autant qu'on en peut savoir […] Par exemple, un enfant, instruit en arithmétique, ayant fait une addition suivant les règles, se peut assurer d'avoir trouvé, touchant la somme qu'il examinait, tout ce que l'esprit humain saurait trouver » (DM II, AT VI 21). Patience : il faut penser le simple avant le complexe, c'est-à-dire user de « circonspection » et éviter la « précipitation », aussi bien au niveau du « petit » ordre d'une chaîne de raisons donnée qu'à celui du grand ordre qui structure la philosophie telle que la présente l'image de l'arbre – il serait par exemple *désordonné* de prétendre constituer une physique en faisant l'économie du moment fondateur de la métaphysique, ou bien de vouloir édifier une médecine (science du fonctionnement de ce secteur particulier du monde matériel qu'est un corps humain) sans avoir mis au point une physique, c'est-à-dire une théorie générale du monde matériel. La Règle V (AT X 380, Alq I 100) le dit de façon plaisante en se moquant de ceux qui « examinent des questions fort difficiles avec souvent si peu de méthode qu'ils [...] semblent faire comme s'ils essayaient de parvenir, d'un seul bond, du pied jusqu'au faîte d'une maison, en dédaignant l'escalier destiné à cet usage, ou en ne remarquant même pas qu'il en existe un ».

On rappellera enfin et à nouveau qu'à l'encontre de l'impression rétrospective de fécondité et de prolixité méthodologiques que donne aujourd'hui la lecture des *Regulae*, Descartes, de son vivant, ne publia en guise de « logique » que l'exposé hyper-laconique de la partie II du *Discours*. La mise au point de cette « logique cartésienne » développée et alors manquante fut donc une des préoccupations de la première génération de cartésiens désireux de continuer l'œuvre du maître. Parmi ces « logiques cartésiennes », on mentionnera la *Logique ancienne et nouvelle* de Johannes Clauberg (1654) et la célèbre *Logique ou l'art de penser* (dite parfois *Logique de Port-Royal*, 1662) d'Antoine Arnauld, Pierre Nicole et, pour certaines de ses parties, peut-être Blaise Pascal.

LES MATHÉMATIQUES ET *LA GÉOMÉTRIE*

> … et parce qu'elle [la logique] dépend beaucoup
> de l'usage, il est bon qu'il s'exerce longtemps à en
> pratiquer les règles touchant des questions faciles et
> simples, comme sont celles des Mathématiques.

Les mathématiques accoutument aux démonstrations rigoureuses et aux connaissances certaines, si bien qu'elles constituent une excellente propédeutique à la philosophie. En tant qu'elles sont une discipline de l'ordre et de la mesure, elles fournissent également, comme on l'a vu, un modèle méthodique que Descartes conceptualise avec le thème de la *mathesis universalis*. Il est en revanche frappant que, dans l'image de l'arbre, il soit question de s'exercer aux mathématiques avant de « commencer tout de bon à s'appliquer à la vraie Philosophie », c'est-à-dire que les mathématiques apparaissent exclues des parties et des disciplines qui constituent la philosophie. Cette exclusion n'est pas aisée à justifier (sur l'aspect historique de la question, voir Ariew 1992, p. 111-113). On peut faire l'hypothèse que la philosophie est du point de vue de Descartes un savoir portant sur ce qui existe, sur le réel et non sur le possible (voir en ce sens, sans être absolument explicites, *Burman*, AT V 160 et 146 et les distinctions établies entre les *Essais* qui suivent le *Discours* in *à X* du 27-04-1637, AT I 370). Or les mathématiques sont une science « abstraite » (AT VII 65 ; VIII 78) dont les objets se réduisent à de pures idéalités : la philosophie en tant que telle n'a donc pas à s'en préoccuper – sinon en interrogeant le mode d'existence « idéel » des idéalités mathématiques, le statut ontologique des idées, comme le font par exemple les Méditations III et V. La philosophie ainsi entendue comme science de l'existant n'ignorera pas pour autant les mathématiques, puisqu'elle les appliquera à la connaissance du monde réel : ainsi s'élabore la « physique mathématique » de Descartes qui se distingue de la mathématique « abstraite » en ce qu'elle permet « l'explication des phénomènes de la nature » (à *Mersenne* du 27-07-1638, AT II 268).

« Il y a déjà plus de quinze ans que je fais profession de négliger la géométrie, et de ne m'arrêter jamais à la solution d'aucun problème, si ce n'est à la prière de quelque ami » (à *Mersenne* du 31-03-1638, AT II 95). « Pour ce qui est des nombres, je n'ai jamais prétendu d'y rien savoir, et je m'y suis si peu exercé que je puis dire avec vérité que, bien que j'aie autrefois appris la division et l'extraction de la racine carrée, il y a toutefois plus de dix-huit ans que je ne les sais plus, et si j'avais besoin de m'en servir, il faudrait que je les étudiasse dans quelque livre d'Arithmétique » (*à Mersenne* du 03-06-1638, AT II 168). Malgré ces exquises protestations de modestie, où il n'est pas interdit d'entendre une pointe de coquetterie, Descartes demeure un nom important dans l'histoire des mathématiques, notamment grâce au traité constitué par l'« essai » *La Géométrie* qui accompagnait le *Discours de la méthode*.

La prétention de Descartes est moins de doter la mathématique de son temps d'un corpus augmenté de connaissances parcellaires que d'en produire un tableau unifié en remplaçant les domaines distincts des mathématiques par une science unique. De ce point de vue, pour le Descartes mathématicien, les résultats nouveaux (par ex. la résolution du problème dit de « Pappus » : *Géométrie*, Livre I) et les théorèmes inédits comptent moins que l'exhibition de la puissance de la méthode en acte et – du même coup – la constitution d'une mathématique nouvelle, réorganisée, unifiée et structurée.

Descartes constate en effet que les mathématiques existantes produisent, en général, des résultats vrais mais aussi que le désordre et le hasard y règnent. Le *Discours de la méthode* (II, AT VI 17-18) dresse ainsi un état des lieux : les trois arts ou sciences impliqués en mathématiques – la logique formelle, l'analyse des géomètres et l'algèbre des modernes – sont fautives et insuffisantes : « Ce qui fut cause que je pensai qu'il fallait chercher quelque autre méthode, qui, comprenant les avantages de ces trois, fut exempte de leurs défauts ». Un critère supplémentaire, conforme aux préceptes de la méthode, doit aussi être respecté dans ce domaine : le principe de simplicité. Si une construction peut être réalisée à l'aide de différentes courbes, il sera impératif de n'y employer que la courbe du genre le plus simple. Le respect de ce principe est nécessaire pour parcourir la science en bon ordre, pour la déployer, de degré en degré, sans en oublier aucun, en évitant les sauts qui en rompraient les enchaînements.

Descartes est l'inventeur de la *géométrie algébrique*, une mathématique dans laquelle les objets géométriques, les lignes, les figures seront connus, non seulement par leur forme et leur constructions, mais aussi par leurs équations algébriques, c'est-à-dire par des relations entre les coordonnées des points qui les constituent : une droite sera connue par une relation, une équation comme $ax + by = 0$; un cercle par une relation comme $x^2 + y^2 - \lambda = 0$, etc. Le cœur de cette géométrie algébrique inventée par Descartes réside dans la théorie des proportions, c'est-à-dire la considération des rapports finis qui existent entre des quantités de même genre : « [Les diverses sciences dites mathématiques] s'accordent toutes en ce qu'elles n'y considèrent autre chose que les divers rapports et proportions qui s'y trouvent » (DM II, AT VI 20). Les modalités nouvelles en sont les notations, la puissance de généralisation que va permettre l'algèbre.

Dans sa mise en œuvre, la géométrie cartésienne peut se comprendre comme une articulation des opérations d'intuition et de déduction. Nous concevons les objets géométriques sous le mode de l'étendue. Or, si l'étendue, les lignes même, sont les constituants des intuitions géométriques, les règles de l'algèbre sont les moyens de contrôle des chaînes déductives de la géométrie (voir le début du Livre I de la *Géométrie*). On pourrait ainsi dire que l'algèbre est à la géométrie, ce que le troisième précepte de la méthode est au premier, ce que les procédures de formation des chaînes déductives sont aux intuitions.

Cette remarque permet de réduire ce qui apparaît trop souvent comme un conflit entre la connaissance par construction géométrique et la connaissance par généralisation algébrique. Un Descartes constructiviste est alors opposé à un Descartes algébriste au sein même de son unique traité de mathématique. Or si ce conflit est bien présent dans l'histoire des mathématiques elles-mêmes, il est assez peu sensible chez Descartes philosophe-mathématicien. Algèbre et géométrie, parures régionales d'une science générale déployée selon les préceptes de la méthode, versants complémentaires d'un domaine ordonné et assuré de savoirs, ne sauraient s'opposer. *La Géométrie* fournit ainsi de brillants arguments mathématiques en faveur de l'adéquation entre d'une part la connaissance par construction de courbes et de solutions et d'autre part la connaissance par expression algébrique. Il reste que, de façon paradoxale, ce qui est – mathématiquement – absent de *La Géométrie*, c'est précisément la démonstration de sa thèse principale : ce qui est connaissable par construction l'est aussi algébriquement (par écriture). Mais dans l'esprit de Descartes, la certitude des raisons générales méthodiques et philosophiques, confortée par la maîtrise d'une série d'arguments-exemples où la vérité se donne à voir géométriquement puis algébriquement vêtue, suffisent sans doute à pallier cette absence.

Du point de vue de l'histoire des mathématiques, l'algébrisation à laquelle Descartes donne un élan décisif est un mouvement qui fera bientôt éclater les frontières traditionnelles de la discipline : les nouvelles écritures se libèreront de leurs racines, et entraves, géométriques. Exprimables « algébriquement », de nouvelles équations, de nouveaux lieux repousseront les limites de la science mathématique. Géométrie analytique et infinitésimale, théorie des équations, courbes transcendantes, etc. comptent parmi les nouveaux et immenses chapitres qui s'ouvriront peu après la rédaction de la *Géométrie* et dans son sillage. Les limites des avancées de Descartes apparaissent en examinant comment il aborde des questions mathématiques qui ne se laissent pas, ou mal, enfermer dans le cadre qu'il a fixé. Tels sont les problèmes géométriques où l'infini intervient. Descartes en traite de manière marginale, et les résout et les rejette tout à la fois. C'est par exemple le cas de la quadrature d'une arche de cycloïde, qu'il réussit par une méthode d'indivisibles (voir *à Mersenne* du 27-05-1638, AT II p. 135-137 et du 27-07-1638, AT II 257-261 et Milhaud 1921 p. 165-169) mais dont il dévalue la portée ; ou bien du problème de Debeaune (la détermination d'une ligne courbe à partir d'une propriété de sa tangente : voir *à Debeaune* du 20-02-1639, AT II 513-518) dont il exhibe la solution transcendante en affirmant « ces deux mouvements sont tellement incommensurables, qu'ils ne peuvent être réglés exactement l'un par l'autre ». Sur la *Géométrie* de Descartes, voir Jullien 1996 ; sur Descartes mathématicien, Sasaki 2003.

LA MÉTAPHYSIQUE

> Puis, lorsqu'il s'est acquis quelque habitude à trouver la vérité en ces questions, il doit commencer tout de bon à s'appliquer à la vraie Philosophie, dont la première partie est la Métaphysique qui contient les Principes de la connaissance, entre lesquels est l'explication des principaux attributs de Dieu, de l'immatérialité de nos âmes, et de toutes les notions claires et simples qui sont en nous.

La métaphysique de Descartes étant la partie de sa philosophie la plus célèbre et, avec la morale, la plus susceptible d'intéresser le lecteur contemporain d'un point de vue non seulement historique mais aussi spéculatif, on lui consacrera ici une assez ample présentation. Les principaux exposés de la métaphysique cartésienne sont la partie IV du *Discours*, en forme d'abrégé, la partie I des *Principes* et les *Méditations* (pour approfondir, voir l'ouvrage toujours utile de Gouhier 1962).

Si on s'en tient au texte de la *Lettre-Préface* des *Principes*, la nature de la métaphysique ne pose pas selon Descartes de difficultés particulières : la métaphysique est définie par ses objets, les *principes* de la connaissance, c'est-à-dire, conformément à l'étymologie, ce qui vient logiquement en *premier* dans l'édification du savoir. Sans que Descartes ait jamais explicitement assumé cette détermination, la métaphysique telle qu'il la conçoit apparaît donc comme la science de l'immatériel, c'est-à-dire de Dieu, des esprits humains et en particulier de ces actes de l'esprit qu'on appelle « idées » ou « notions » (sur les complexités de la conception cartésienne de la « métaphysique », voir Marion 1986). Pourquoi Descartes place-t-il ainsi la métaphysique « à la racine » et lui confère-t-il la première place à la fois logiquement, comme condition de possibilité de la philosophie dans son ensemble, et chronologiquement, comme première discipline à étudier ? C'est que Descartes est un philosophe de la fondation, qui considère qu'aucune certitude – y compris mathématique – digne de ce nom ne peut être obtenue sans avoir au préalable répondu à une série de questions appartenant à la métaphysique telle qu'il la définit et qui seules permettent d'échapper au doute dans sa version la plus radicale, celle que présente la Méditation I : qu'est-ce que mon esprit, comment fonctionne-t-il, Dieu existe-t-il et assure-t-il la possibilité d'une connaissance vraie ? De là cette déclaration quelque peu étonnante, voire tapageuse, sur l'athée, qui, faute d'avoir pourvu son savoir d'un fondement théologique, ne pourrait connaître la géométrie « d'une vraie et certaine science » (IIes Rép., AT IX 111) et l'idée souvent répétée que « la certitude et la vérité de toute

science dépend de la seule connaissance du vrai Dieu »
(Méd. V, AT IX 56). Cette hyper-exigence cartésienne
de fondation métaphysique du savoir, qui s'exprime
notamment dans le fameux « doute hyperbolique »,
a été diversement évaluée. Certains (fidèles en cela
à l'intention de Descartes) y voient la marque d'une
démarche philosophique vraiment rigoureuse. D'autres
y diagnostiquent une coquetterie ou des rodomontades
spéculatives, qui font perdre un temps qu'on pourrait
consacrer à d'autres tâches intellectuellement plus
utiles : « Peut-être [Descartes] a-t-il préféré émettre des
paradoxes, afin de réveiller par la nouveauté le lecteur
engourdi. [...] Il a recherché les applaudissements plutôt
que la certitude » (Leibniz à propos de l'art. 1 des PP,
dans ses *Remarques sur la partie générale des* Principes
de Descartes).

Le doute

Il faut bien distinguer, notamment à la lecture du
Discours, deux figures du doute souvent confondues ou
mêlées sous la dénomination consacrée et emblématique
de « doute cartésien ». Le doute est d'abord une
posture générale, presque un mode d'existence, proche
de certaines formes de dandysme intellectuel et que
le jeune Descartes adopta depuis la fin de ses années
d'étude jusqu'au moment où il élabora sa métaphysique
(probablement 1629-1630). C'est le doute généralisé,
permanent mais somme toute superficiel de celui qui
n'est pas dupe de la comédie du monde et fait profession
d'être soupçonneux face aux certitudes affichées de
tous ordres, parce qu'il a compris qu'en matière de
vérité, les choses ne sont pas si simples qu'on le croit

à l'accoutumée. Dans le *Discours*, ce doute est présenté dans les trois premières parties.

La seconde figure du doute (dit radical) apparaît seulement au début de la partie IV du *Discours*. Il s'agit d'un doute ponctuel auquel on ne doit se livrer qu'« une fois en sa vie », *semel in vita* (MM I, AT IX 13 et PP I art. 1). Il constitue un outil méthodologique poussé aussi loin que possible pour tester de manière systématique la validité de tous les énoncés qu'on a jusque là admis. Ce doute-là est destructeur, extrême, « métaphysique » (MM III, AT IX 28) « hyperbolique » (MM VI, AT IX 71), c'est-à-dire qu'il serait exagéré et inopportun hors du moment métaphysique qu'il inaugure en un pari risqué et pour lequel il représente quelque chose comme « le moment de vérité » : ou bien tout se révèle douteux, ou bien ce mouvement même du doute poussé à l'extrême conduit à une vérité indubitable qui l'annule. Ce doute est présenté de façon détaillée dans la Méditation I. La partie IV du *Discours* en propose une version adoucie, ne mentionnant pas les deux ultimes étapes de la Méditation I : les hypothèses dites du « Dieu trompeur » et du « mauvais (ou « malin ») génie ». Descartes craignait en effet que ce doute radical se révélât plus nocif qu'utile pour le public philosophiquement peu aguerri auquel était destiné le *Discours* (voir *à Mersenne* du 27-02-1637, AT I 350 ; *Préface au lecteur* des *Méditations*, AT VII 7, Alq II 390).

La séquence dubitative qui occupe la quasi-totalité de la *Méditation I* est *méthodiquement* organisée 1) par la mise en place de deux règles : s'en prendre aux « fondements » des connaissances supposées, tenir pour fausse toute opinion suspecte tant qu'on n'aura pas prouvé qu'elle est absolument indubitable ; 2) par la réitération d'un schéma tripartite : a) la désignation d'un domaine du savoir ou prétendu tel ; b) la détermination d'une raison de douter de ces contenus de savoir ; c) l'aperception d'un nouveau domaine du savoir qui résiste à la raison de douter précédente et contre lequel on invoque une nouvelle raison de douter.

Le tableau qui suit synthétise ce déroulement de la Méditation I

Objet dont on doute	Raison de douter	Résistance au doute
1 Informations des sens	Illusions, erreurs des sens (AT IX 14)	Mon corps (« corps propre »)
2a Mon corps	Folie (AT IX 14)	Mon corps (« corps propre »)
2b Mon corps	Rêve (AT IX 14-15)	Mathématiques
3 Mathématiques	Dieu trompeur (AT IX 16)	Dieu
4 Dieu	Athéisme (AT IX 16)	Rien ne résiste d'un point de vue logique, mais persistance d'effets de résistance psychologiques
5 Tout	Mauvais génie (AT IX 17-18)	Rien (fin de la Méditation I)

Cinq remarques préciseront ce schéma d'ensemble.

a) Si on considère que les raisons de douter ici énumérées sont pour la plupart empruntées à la tradition sceptique, le doute tel qu'il est mis en scène dans la Méditation I apparaît comme un combat contre le scepticisme et, peut-être, contre le sceptique qui sommeille dans le sujet méditant. Il s'agit, l'espace d'une méditation qui constitue de ce point de vue comme un grand « test » de nos opinions, d'accepter de jouer le jeu du pyrrhonien, pour déterminer si, et comment, on peut échapper à sa logique de suspicion généralisée face aux différents domaines du savoir.

b) Ce doute est commandé par une logique de l'excès, de l'exagération provisoire et ponctuelle du poids des raisons de douter. Par exemple, le doute portant sur les données des sens n'amène pas Descartes à conclure, tout uniment et de façon définitive, que « les sens nous trompent toujours et en tous ordres ». Ce doute tel qu'il est mis en œuvre dans la Méditation I indique que, puisqu'il est indéniable que dans certains cas (par exemple les illusions) les sens fournissent des informations erronées, on peut provisoirement passer de l'affirmation « *quelques* informations des sens sont *parfoi*s douteuses » à « *toutes* ces informations doivent être considérées comme *toujours* fausses ». Mais une fois que la métaphysique aura été développée et que l'hypothèse de l'existence d'un « Dieu trompeur » aura en particulier été conjurée, Descartes s'emploiera à déterminer la part de vérité véhiculée par les données des sens (voir *infra*, p. 131-133) et n'hésitera pas à qualifier « d'hyperboliques et ridicules » (Méd. VI, AT IX 71) les raisons de douter mentionnées dans la Méditation I. Le doute n'est donc mis en œuvre que lors d'une parenthèse pensée et organisée comme telle, et c'est un contresens complet (mais fréquent !) sur la pensée de Descartes que de le considérer comme un philosophe qui « douterait » de façon permanente. De même, depuis la morale par provision jusqu'aux *Méditations* (Méd. I, AT IX 17 : « il n'est pas maintenant question d'agir, mais seulement de méditer et de connaître »), Descartes a toujours pris garde de préciser que son doute portait sur les seules connaissances théoriques, et non sur les questions de morale ou de théologie.

c) L'argument de la « folie » est convoqué comme une raison de douter de l'existence de mon propre corps, mais Descartes le congédie, assez brutalement et sans beaucoup d'explications : « Mais quoi ? ce sont des fous ; et je ne serais pas moins extravagant, si je me réglais sur leurs exemples » (Méd. I, AT IX 14). L'interprétation de cette curieuse réaction cartésienne a donné lieu à un célèbre débat dans les années 1960-1970, après que Michel Foucault (Foucault, 1964, I, chap. 2) eut estimé que ce passage constitue l'écho théorique du « grand renfermement » des fous par un âge classique qui, à la différence des époques précédentes, aurait considéré qu'il n'y avait plus rien à apprendre d'eux et aurait regardé la folie comme le tout autre d'une rationalité triomphante. Cette interprétation fut contestée par Jacques Derrida (Derrida, 1967) auquel Foucault répondit (Foucault 1972), l'ensemble de ces textes formant une intéressante réflexion sur les rapports de la raison philosophique et de la folie (pour une mise au point sur ce passage de la Méd. I, voir Beyssade 2001, p. 13-48 ; pour une synthèse de cette « querelle de la folie », Kambouchner 2005 p. 381-394 et Macherey 2014-2). Mais du point de vue de l'économie générale de la Méditation I, cette disqualification de la folie comme raison de douter de notre propre corps apparaît comme un incident somme toute mineur dans le déroulement du processus de doute : l'argument de la confusion toujours possible entre rêve et réalité, typique de l'esthétique baroque (*La Vie est un songe* de Calderon, *L'Illusion comique* de Corneille, *La*

Tempête de Shakespeare), permet ensuite de considérer rapidement comme douteuse l'existence du « corps propre ».

d) Le point culminant de la montée en puissance dubitative de la Méditation I est constitué par les deux hypothèses du « Dieu trompeur » et du « mauvais génie », jumelles mais sans doute distinctes (voir Gouhier 1962, p. 113-121). Elles permettent de faire vaciller le dernier bastion de certitude résistant encore aux raisons de douter précédemment invoquées – les mathématiques – au nom de l'argument suivant : pourquoi une puissance mauvaise, « Dieu trompeur » (ou Dieu bon inexistant, ce qui conduit, avec la prudence qui s'impose au XVIIe siècle sur de tels sujets, à faire pour un moment l'hypothèse de l'athéisme) ou « mauvais génie », ne s'ingénierait-elle pas à me tromper chaque fois que je crois connaître une vérité, notamment mathématique ? Il s'agit certes là d'une raison de douter « bien légère et pour ainsi dire métaphysique » (AT IX 28) affirme la seule occurrence – péjorative donc – du mot « métaphysique » dans le texte des *Méditations*. Mais il faut en tenir compte dans la logique radicale qui est celle du doute hyperbolique. La conséquence en est qu'une sortie de ce doute devra nécessairement passer non seulement par une démonstration de l'existence de Dieu, mais aussi par l'établissement de son caractère « non trompeur » (voir *infra*, p. 102-103).

e) Si on considère d'une part, avec *Principes* I, art. 71 (« Que la première et principale cause de nos erreurs sont les préjugés de notre enfance »), que l'enfance est le moment de la vie où se constituent la plupart des préjugés sur lesquels reposent nos opinions erronées, et d'autre part que le doute tel qu'il est mis en œuvre par Descartes consiste justement à rejeter ces préjugés, la Méditation I peut se lire comme un texte sur l'adieu à l'enfance, sur les efforts à fournir et les difficultés à affronter pour devenir adulte, spéculativement parlant (voir Gouhier 1962, p. 41-62).

Le cogito

Dès la fin du XVIIᵉ siècle (par ex. chez le Cardinal de Retz), puis avec Kant (le « ich denke » de la *Critique de la raison pure*), l'habitude s'est prise de parler du « je pense » ou du « *cogito* » – en substantivant donc un verbe conjugué (*cogito* = « je pense »), ce que Descartes, quant à lui, ne fit jamais. Ce *cogito* est exprimé chez lui par différents énoncés : « *Ego sum, ego existo* », soit « moi je suis, moi j'existe » dans la Méditation II (AT VII 25, IX 19) – formule canonique où il est remarquable que n'apparaisse pas le thème de la « pensée » (*cogito, cogitatio*) ; « *Ego cogito, ergo sum* », soit « moi je pense, donc je suis » dans les *Principes* (I, art. 7) ; « *Dubito, ergo sum* », soit « je doute, donc je suis » dans la version latine qui nous est parvenue de la *Recherche de la vérité par la lumière naturelle* (AT X 523) ; et enfin la formule que la tradition retient le plus volontiers, celle qu'on trouve, en français, dans la partie IV du *Discours*, « Je pense, donc je suis » (AT VI 33). À rigoureusement parler, Descartes n'a donc jamais utilisé la formule latine qu'on lui attribue communément, « *cogito ergo sum* ».

Au terme de la longue coulée dans la profondeur des eaux du doute narrée par la Méditation I, le *cogito* apparaît avant tout comme le moment où l'on reprend pied sur le sol assuré de la certitude (Méd. II, AT IX 18-19),

la première vérité, ou le « premier principe » (DM IV,
AT VI 32), qui résiste à toutes les raisons de douter
invoquées. Mieux que par le « je pense, donc je suis »
du *Discours*, cet aspect réactif du *cogito* est rendu par la
formule énervée de la Méditation II : on aura beau dire
et faire, *ego sum, ego existo*, « moi je suis, moi j'existe »
et cette proposition est « si ferme et si assurée que toutes
les plus extravagantes suppositions des sceptiques [ne
sont] pas capables de l'ébranler » (DM IV, AT VI 32).
La force philosophique du *cogito* est donc de proposer à
chacun, quelles que soient son époque et sa situation, une
expérience abordable et qui manifeste de façon limpide
que le scepticisme est une position contradictoire, qui
s'autodétruit : affirmer « tout est douteux », ou « je ne
suis certain de rien », c'est nécessairement poser dans cet
acte d'affirmation un être qui fait siens ces énoncés, et
donc, au minimum, qui existe. Le fait même qu'on assume
les propositions « rien n'est vrai », « tout est douteux »,
suppose ainsi une exception à leur universalité proclamée.
Descartes n'utilisant jamais le mot « sujet » dans son
acception moderne d'« individu » ou « personne », on
sera en revanche circonspect avant d'identifier dans ce
qui dit *cogito* le fameux « sujet cartésien » tant prisé des
commentateurs.

Dès la publication du *Discours* (voir *à Mersenne*,
déc. 1640, AT III 261) et des *Méditations* (voir Arnauld,
IV es Obj., AT IX 154) nombreux furent les lecteurs à
faire remarquer que Descartes n'était pas à proprement
parler « l'inventeur » du *cogito*, puisqu'on trouvait par
exemple des énoncés similaires chez saint Augustin : « Si
je me trompe, c'est que je suis » (*La Cité de Dieu*, XI,
26) ; « Si tu n'étais pas, tu ne pourrais pas être trompé »

(*Le Libre arbitre*, II, 3 ; sur les antécédents du *cogito*, voir Blanchet 1920). Mais l'originalité du *cogito* tel que Descartes le conçoit réside moins dans le sens littéral de l'énoncé considéré isolément que dans la double fonction qui lui est assignée : en tant que premier et inébranlable îlot de résistance au doute, il est « le premier principe de la philosophie que je cherchais » (*DM*, IV, AT VI 32) et constitue ainsi le fondement de tout savoir possible ; en tant que modèle de proposition vraie, « claire et distincte », il permet la détermination du critère de la vérité. Dans *De l'art de persuader*, Pascal a lumineusement fait ressortir cette originalité fonctionnelle et structurale du *cogito* tel qu'en use Descartes :

> Je voudrais demander à des personnes équitables si ce principe [...] « Je pense, donc je suis » [est] en effet une même chose dans l'esprit de Descartes et dans l'esprit de saint Augustin, qui a dit la même chose douze cents ans auparavant. En vérité, je suis bien éloigné de dire que Descartes n'en soit pas le véritable auteur, quand même il ne l'aurait appris que dans la lecture de ce grand saint ; car je sais combien il y a de différence entre écrire un mot à l'aventure sans y faire une réflexion plus longue et plus étendue, et apercevoir dans ce mot une suite admirable de conséquences, [...] comme Descartes a prétendu faire. [...] Tel dira une chose de soi-même sans en comprendre l'excellence, où un autre comprendra une suite merveilleuse de conséquences qui nous fait dire hardiment que ce n'est plus le même mot, et qu'il ne le doit [pas plus] à celui d'où il l'a appris, qu'un arbre admirable n'appartiendra à celui qui en aurait jeté la semence, sans y penser et sans la connaître, dans une terre abondante qui en aurait profité de la sorte par sa propre fertilité.

Descartes a d'ailleurs lui-même indiqué qu'il entendait moins forger des énoncés inouïs qu'utiliser de façon pionnière des thèses vraies déjà identifiées, et moins être novateur que saisir dans leur pureté, pour les faire fructifier de manière inédite, des vérités primordiales (« innées ») présentes en chaque esprit et souvent oubliées ou obscurcies. De là ces textes surprenants chez un penseur réputé comme le philosophe de la rupture avec un passé honni dont il faudrait faire « table rase » (Descartes n'ayant jamais utilisé cette expression pour parler du doute tel qu'il entend le mener), où se conjuguent rattachement à l'archaïque, à une tradition, et affirmation d'une capacité d'innovation : « Encore que toutes les vérités que je mets entre mes principes aient été connues de tout temps de tout le monde, il n'y a toutefois eu personne jusqu'à présent, que je sache, qui les ait reconnues pour les principes de la philosophie, c'est-à-dire pour telles qu'on en peut déduire la connaissance de toutes les autres choses qui sont au monde » (LPPP, AT IX 10-11). « Que ce traité ne contient aussi aucuns principes qui n'aient été reçus de tout temps de tout le monde, en sorte que cette philosophie n'est pas nouvelle, mais la plus ancienne et la plus commune qui puisse être » (PP IV, art. 200).

Une des questions posées par le *cogito* cartésien est celle de la différence de nature logique entre ses deux principales formulations : le « je suis, j'existe » des *Méditations* semble traduire l'évidence d'une aperception unique et instantanée s'apparentant à ce que les *Règles pour la direction de l'esprit* appellent une intuition ; le « je pense, donc je suis » du *Discours* se présente de prime abord comme une déduction. Dans un article séminal, le philosophe finlandais Jaakko Hintikka s'est ainsi demandé si le *cogito* était une « inférence » ou bien une « performance » (Hintikka 1962). Il est possible que cette différence entre ces deux énoncés du *cogito* tienne au contexte « métaphysique » dans lequel ils apparaissent : dans les *Méditations* où le doute est poussé jusqu'à l'extrême au moyen de l'hypothèse du « Dieu trompeur », les lois de la logique elles-mêmes sont considérées comme douteuses et l'on ne voit donc pas comment on pourrait se reposer sur elles pour atteindre une première vérité ; dans le *Discours* qui présente une version édulcorée du doute (en omettant notamment le « Dieu trompeur »), une telle forme déductive demeure recevable. On peut aussi estimer que le *sum, existo* des *Méditations* rend mieux compte du caractère d'expérience existentielle propre à ce dernier texte.

On remarquera enfin un rapprochement qui devait sauter aux yeux des contemporains de Descartes, lecteurs de la *Vulgate*, la traduction latine de la Bible réalisée par saint Jérôme à la fin du IVe siècle. Au livre de l'*Exode* (III, 14), lorsque Moïse rencontre Dieu sur la montagne et lui demande quel est son nom, Dieu répond de façon mystérieuse et difficilement traduisible en français : *Ego sum qui sum* (« Je suis celui qui suis »). Plus tard, si l'on en croit l'*Évangile de Jean* (VIII, 24, 28, 58), Jésus expliqua qu'une des façons de le désigner, lui, fils de Dieu, était : « Je suis » (*ego sum*). Le *ego sum, ego existo* de la Méditation II fait donc écho à ces formules bibliques et soulève à sa façon une interrogation qui court tout au long de la réflexion cartésienne sur l'existence de Dieu : en quoi cette chose, ou cette idée, qu'on appelle « Dieu » est-elle fondamentalement différente de moi ?

(sur ce rapport entre le *cogito* et *Exode* III, 14, voir Balibar 1992).

La chose qui pense

Passé le « moment de vérité » du *cogito*, une notable partie de la métaphysique cartésienne est consacrée à une élucidation méticuleuse de la nature de ce qui en moi a dit « je suis j'existe », ou « je pense, donc je suis ». La conclusion de Descartes est connue : « je ne suis donc, précisément parlant [*praecise tantum*], qu'une chose qui pense, c'est-à-dire un esprit, un entendement ou une raison » (Méd. II, AT IX 21). « Précisément » est ici un terme à valeur technique. Il était utilisé par certains médiévaux qui y entendaient le latin *praecidere* (découper, trancher, retrancher) ou *praecisio* (le fait de retrancher, d'abstraire, l'action par laquelle on trie dans les éléments entremêlés du donné de façon à n'en considérer qu'un seul). « Je ne suis, précisément parlant, qu'une chose qui pense » signifie donc « je ne suis, abstraitement parlant, en me considérant seulement de façon abstraite, qu'une chose qui pense ». Ou encore : dans ce moment métaphysique où les raisons de douter les plus invraisemblables ont été poussées aussi loin que possible, pour pouvoir affirmer « je suis, j'existe », il faut *au minimum* que je sois une chose qui pense. Mais cela n'exclut pas que mon être possède d'autres aspects et notamment, comme l'établira la Méditation VI, qu'à la question « que suis-je ? », la véritable réponse cartésienne soit « je suis l'union très étroite d'un esprit et d'un corps ». Il serait en tout cas hâtif de conclure, comme le risque le lecteur ignorant le sens de « précisément » ou comme toute une tradition spiritualiste focalisée sur la seule métaphysique de Descartes, que ce dernier estime que l'être humain se définit, de façon définitive et intégrale, seulement comme une « chose qui pense », un pur esprit.

Descartes a donné quelques définitions de la pensée, mais elles manifestent à leur façon que cette notion fait partie de celles « qu'on obscurcit en voulant les définir » : « Par le mot de pensée, j'entends tout ce qui se fait en nous de telle sorte que nous l'apercevons immédiatement par nous-mêmes » (PP I, art. 9 ; le latin dit « tout ce qui arrive en nous et dont nous avons conscience, dans la mesure où nous en avons conscience ») ; « par le nom de pensée, je comprends tout ce qui est tellement [= de telle façon] en nous que nous en sommes immédiatement connaissants » (*ut ejus immediate conscii simus*, II es Rép., AT IX 124). Le point délicat de ces définitions réside dans l'identification de la pensée et de la conscience, confirmée par une *Lettre à Gibieuf* de janvier 1642 (AT III 474) : « ma propre pensée ou conscience ». Il ne s'agit pas, comme peut le faire croire l'acception contemporaine du mot « conscience », de prétendre que la chose qui pense bénéficie toujours et immédiatement d'une perception claire et distincte de l'ensemble de ses contenus et opérations : de telles conceptions claires et distinctes ne sont bien plutôt qu'une espèce, somme toute assez rare et obtenue seulement au terme d'un vigoureux effort d'analyse conceptuelle et de saisie réflexive, d'un genre bien plus vaste qui est la pensée en général. Dans une *Lettre à Arnauld* du 29-07-1648 (AT V 220-221, Alq III 862), Descartes distingue ainsi les pensées « directes », comme le plaisir ou la douleur que ressent un petit enfant, et celles obtenues au terme d'une

« réflexion », lorsque la pensée, par exemple en régime métaphysique, se prend elle-même pour objet et se donne les moyens de s'apercevoir clairement et distinctement en tant que telle. L'identification cartésienne de la pensée et de la conscience ne se comprend donc que dans le cadre d'une théorie des « degrés de conscience », qui autorise tous les intermédiaires envisageables entre d'une part les pensées confuses, non « thétiquement » aperçues et donc, en un sens, inconscientes : avoir chaud ou mal sans savoir qu'on a chaud ou mal, éprouver tel désir sans saisir explicitement qu'on l'éprouve, comme dans le célèbre cas de Descartes avouant son attirance spontanée pour les « filles louches », c'est-à-dire atteintes de strabisme (*à Chanut* du 06-06-1647, AT V 57); et d'autre part la pensée se réfléchissant elle-même en se portant à son plus haut degré de clarté et de distinction (sur la question de l'inconscient chez Descartes, voir Rodis-Lewis, 1950, notamment chap. 2; sur la distinction entre une idée claire et distincte et une idée « adéquate », c'est-à-dire qui exhiberait la totalité des propriétés de la chose dont elle est l'idée, voir *infra*, p. 160). En revanche, dire que l'essence de l'esprit, ou de l'âme (Descartes ne distingue pas ces deux notions), consiste dans la pensée conduit à poser une thèse qui sera l'objet de bien des débats chez les post-cartésiens : « l'âme pense toujours » (voir *à Gibieuf* du 19-01-1642, AT III 478).

On saisit mieux en définitive ce qu'est la pensée chez Descartes en examinant les dénombrements qu'il a donnés des différentes « modalités », c'est-à-dire activités ou fonctions, de la chose qui pense : « une chose qui pense [là où certains proposeraient une définition de la pensée, Descartes préfère exhiber ses modalités en acte] c'est-à-dire une chose qui doute, qui conçoit, qui affirme, qui nie, qui veut, qui ne veut pas, qui imagine aussi et qui sent » (Méd. II, AT IX 22) ; « Je suis une chose qui pense, c'est-à-dire qui doute, qui affirme, qui nie, qui connaît peu de choses, qui en ignore beaucoup, qui aime, qui hait, qui veut, qui ne veut pas, qui imagine aussi, et qui sent » (Méd. III, AT IX 27 ; « qui aime, qui hait » est un ajout de la traduction française de 1647). Ces listes montrent en premier lieu et à nouveau que la pensée selon Descartes ne se réduit en aucun cas à l'intellection pure ou à la seule activité théorique de conception ou de connaissance claires et distinctes : les contenus d'une sensation sont aussi de la pensée, tout comme les dimensions affectives (amour et haine) de notre vie mentale, qui seront pleinement explorées en 1649 dans les *Passions de l'âme*. De plus, à la fin de ces deux listes, la césure stylistique induite par le « aussi » attire l'attention. Elle signale l'adjonction de deux modalités de la pensée qui sont comme la trace, dans la chose qui pense, de l'autre corporel auquel elle est étroitement jointe : les analyses de la Méditation VI établiront en effet que pour imaginer (spatialiser la pensée, se figurer les objets susceptibles de l'être : voir Méd. VI, AT IX 57-58) et sentir (être affecté par le monde matériel), la chose qui pense doit être unie à un corps.

Enfin, une troisième façon de cartographier l'activité « pensée » de l'esprit tel que le conçoit Descartes consiste à y distinguer deux principales facultés : l'entendement et la volonté (PP I, art. 32 : « il n'y a en nous que deux sortes de pensées, à savoir la perception de l'entendement et l'action de la volonté »). L'entendement désigne la capacité réceptive de l'esprit, son aptitude à recevoir des informations (des « idées », au sens large) sur des objets, et ce par les trois principaux canaux que sont la sensation, l'imagination, la conception. La volonté désigne l'esprit dans sa part active, en tant que ce que lui présente l'entendement est pour lui objet de désir, d'affirmation, de négation, de rejet, etc. Descartes utilise cette distinction entre entendement (« puissance de connaître ») et volonté (« puissance d'élire », de choisir) pour expliquer la nature et l'origine de l'erreur. Considérées en elles-mêmes, nos idées ne sont en effet presque (*vix*, « à peine » : AT VII 37 l. 27 ; IX 29) jamais fausses : « soit que j'imagine une chèvre ou une chimère, il n'est pas moins vrai que j'imagine l'une que l'autre » (Méd. III, AT IX 29). L'erreur ou la fausseté se constituent lorsqu'une décision indue est prise sur la nature de l'idée (par exemple lorsqu'on estime qu'elle correspond bien à une réalité extérieure), c'est-à-dire lorsqu'un jugement est porté sur une représentation avant qu'elle ait été conduite à la clarté et à la distinction requises. L'erreur apparaît donc, au sens strict, comme un pré-jugé, un jugement porté trop précipitamment, en absence d'évidence. Dans un contexte qui s'apparente à celui d'une « micro-théodicée », c'est-à-dire en visant à disculper Dieu de l'accusation de m'avoir mal créé en me constituant tel que je me trompe, la Méditation IV précise cette doctrine : d'une part l'entendement remplit parfaitement son office « informatif » ; il est d'autre part de ma responsabilité de bien user de ma volonté. « D'où est-ce donc que naissent mes erreurs ? [...] de cela seul que, la volonté étant beaucoup plus ample et plus étendue que l'entendement, je ne la contiens pas dans les mêmes limites, mais que je l'étends aussi aux choses que je n'entends pas [...] elle s'égare fort aisément, et choisit le mal pour le bien, ou le faux pour le vrai. Ce qui fait que je me trompe et que je pèche », explique la Méditation IV (AT IX 46) en alignant, de façon « intellectualiste », le cas, moral, du péché ou de la faute sur celui, théorique, de l'erreur. Dieu est donc disculpé, puisque l'erreur dépend du seul mésusage que nous faisons de la liberté de notre volonté. À l'encontre d'une rumeur tenace propagée notamment par Jean-Paul Sartre (Sartre 1947 ; voir Grimaldi 1988, p. 25-41 et 63-93), on notera que si Descartes affirme, en ces textes comme dans d'autres, que la volonté est « beaucoup plus ample » que l'entendement ou encore « peut en quelque façon sembler infinie » (*infinita quodammodo dici potest* : PP I art. 35), il n'a jamais écrit que la volonté humaine était à proprement parler « infinie », sauf en une occasion (*à Mersenne* du 25-12-1639, AT II 628). Comme on le verra (*infra*, p. 100-102) l'infinité est en effet un attribut qui caractérise de façon exclusive le Dieu cartésien, et sur lequel repose la preuve de son existence : l'affirmation qu'il existe en nous quelque chose d'infini *stricto sensu* compromettrait alors gravement la cohérence de la pensée cartésienne. En revanche, le caractère très « ample » de la volonté la constitue comme ce qui, en nous, « porte l'image et la ressemblance » d'un Dieu infini (Méd. IV, AT IX 45).

La liberté

Dans un texte de jeunesse, probablement écrit en 1619, Descartes affirme que « Dieu a fait trois choses admirables [*tria mirabilia*] : les choses à partir de rien, le libre-arbitre et l'homme-Dieu » (AT X 218, Alq I 63). Riche et complexe, la réflexion cartésienne sur « la volonté c'est-à-dire le libre arbitre » (*voluntas sive libertas arbitrii*, AT VII 56) est principalement exposée dans un dense passage de la Méditation IV (AT IX 45-49) et en *Principes* I, art. 37-42, qu'il convient de compléter par la correspondance, notamment les *Lettres au P. Mesland*.

Selon Descartes, l'existence de la liberté de notre volonté n'est ni un problème, ni même une question. C'est un fait, une donnée immédiate de la conscience : « La liberté de notre volonté se connaît sans preuve par la seule expérience que nous en avons [le latin dit plus laconiquement : « la liberté de l'arbitre est connue par soi », *nota per se*]. Il est si évident que nous avons une volonté libre, qui peut donner son consentement ou ne le pas donner quand bon lui semble, que cela peut être compté pour une de nos plus communes notions » (PP I, art. 39). La théorisation cartésienne de la liberté ne va donc pas porter sur l'existence de cette dernière, ni sur sa nature (elle est capacité de choisir, d'« élire »). Elle s'intéresse plutôt aux façons que nous avons d'en user, à la liberté « en situations ». Dans cette optique Descartes distingue, synthétiquement, trois « degrés » de la liberté.

a) *La liberté d'indifférence.* « L'indifférence me semble signifier proprement l'état dans lequel se trouve la volonté lorsqu'elle n'est pas poussée d'un côté plutôt que de l'autre par la perception du vrai ou du bien » (*à Mesland* du 09-02-1645, AT IV 173, Alq III 551). Ce type de liberté se manifeste notamment dans notre capacité à choisir librement alors même que nous n'avons pas, ou que nous avons peu, de raisons de choisir, tout comme le voyageur égaré dans une forêt est capable de sélectionner une direction alors qu'elles semblent toutes équivalentes. Cette liberté d'indifférence est donc en un sens une capacité d'agir « à l'aveuglette », une puissance de choisir n'importe quoi n'importe comment. C'est pourquoi Descartes l'appelle « le plus bas degré de la liberté » et explique qu'« elle fait plutôt paraître un défaut dans la connaissance qu'une perfection dans la volonté » (Méd. IV, AT IX 46).

b) *La liberté « éclairée »* : *Ex magna luce in intellectu sequitur magna propensio in voluntate*, « d'une grande lumière dans l'entendement s'ensuit une grande inclination dans la volonté », explique Descartes en reprenant un adage scolastique (*à Mesland* du 02-05-1644, AT IV 116). Dans ce second cas de figure, le choix de la volonté est guidé, éclairé, comme aimanté, par le vrai ou le bien clairement aperçus. Et ainsi « la connaissance […] bien loin de diminuer ma liberté, l'augmente plutôt et la fortifie. […] Si je connaissais toujours clairement ce qui est vrai et ce qui est bon, je ne serais jamais en peine de délibérer quel jugement et quels choix je devrais faire ; et ainsi je serais entièrement libre, sans jamais être indifférent » (Méd. IV, AT IX 46). Il y a là, à nos yeux de modernes au moins, un paradoxe : celui d'une volonté qui est d'autant plus libre qu'elle a moins le choix. Et Descartes explique effectivement que lorsqu'une pleine lumière règne dans l'entendement, la volonté est mue par une très forte, et peut-être même invincible, inclination de sorte que, face au vrai ou au bien très clairement aperçus, comme c'est par exemple le cas au moment du *cogito*, « je ne peux pas m'empêcher » (Méd. IV, AT IX 47) de les choisir : « voyant très clairement qu'une chose nous est propre il est très malaisé et même, comme je crois, impossible, pendant qu'on demeure en cette pensée, d'arrêter le cours de notre désir » (*à Mesland* du 02-05-1644, AT IV 116).

Ces deux premières figures de la liberté sont bien entendu deux formes pures rarement rencontrées comme telles dans la vie réelle : là, tous les degrés intermédiaires entre indifférence pure et pleine lumière sont envisageables.

c) *Un troisième degré*, plus problématique, et qui ne reçoit pas de nom : « Il nous est toujours possible de nous retenir de poursuivre un bien clairement connu ou d'admettre une vérité évidente, pourvu que nous pensions que c'est un bien d'attester par là notre libre arbitre [...] [il s'agit de] cette puissance positive que nous avons de faire le pire tout en voyant le meilleur » (*à Mesland* du 09-02-1645, AT IV 173-174, Alq III 552-553, la fin de la phrase est une citation célèbre de la *Médée* d'Ovide : *video proboque meliora, deteriora sequor*). Ce texte est ambigu : dans quelle mesure le fait que la volonté soit mue par la pensée que « c'est un bien d'attester notre libre arbitre » ne renvoie-t-il pas au cas de la liberté éclairée ? Il met dans tous les cas en scène un usage de notre liberté distinct de l'indifférence-ignorance mentionnée au cas a), et en un sens davantage inquiétant : il ne s'agit plus d'une capacité à choisir en l'absence de connaissance du vrai ou du bien, mais d'une puissance de refus positif, délibéré, du vrai ou du bien clairement aperçus, d'une capacité à nous tourner vers des ténèbres avec lesquels nous conspirons alors même que nous savons où se trouve la lumière.

La doctrine cartésienne de la liberté semble donc osciller entre deux conceptions : la première – a) et c) – met au jour l'essence d'une liberté tenue comme « pouvoir des contraires », capacité toujours maintenue de pouvoir choisir, sans y être en aucune façon déterminé ; la seconde (b) insiste sur le bon usage de cette liberté, l'actualisation optimale des aptitudes de la volonté. D'une certaine façon, cette réflexion cartésienne apparaît aussi comme une tentative d'articulation de la conception « moderne » de la liberté, comme pure capacité d'initiative, affranchissement par rapport à toute contrainte (degrés a et c) et d'une conception plus classique, voire antique, de la liberté comme inscription de nos choix dans un ordre supérieur (voir par ex. *Évangile de Jean* 8, 32 : « La vérité vous rendra libres » ; Sénèque *De vita beata*, XV : « la liberté, c'est d'obéir à Dieu »).

Les commentateurs ont diversement jugé ces réflexions cartésiennes, dont il ne faut pas oublier qu'elles ont comme arrière-plan les furieuses querelles théologiques sur la grâce et le libre-arbitre qui font alors rage (l'*Augustinus* de Jansénius est paru en 1640). Certains (Gilson 1913) y voient une doctrine hétéroclite qui tente, sans succès, de concilier différentes conceptions de la liberté qui s'affrontaient alors. D'autres (Laporte 1937, Bouchilloux 2003) insistent sur leur cohérence nuancée.

Même s'il s'est gardé de prendre parti dans les querelles sur la grâce, Descartes n'a enfin pas tout à fait ignoré les aspects théologiques du thème de la liberté. Il s'est tout d'abord interrogé sur la nature de la liberté divine, et son éventuelle ressemblance avec la liberté humaine : la théorie dite de la « création des vérités éternelles » (voir *infra*, p. 108-111) conduit à attribuer à Dieu une liberté analogue à notre « liberté d'indifférence » (VIes Rép., point 6 ; *à Mesland* du 02-05-1644, AT IV 118 ; *à Mersenne* du 21-04-1641, AT III

360). Il a aussi, rapidement, abordé la question, alors très disputée, de la préordination divine, c'est-à-dire de la conciliation entre la liberté humaine d'une part et la toute-puissance et l'omniscience divines d'autre part. Le principe de la solution cartésienne à cette difficulté est exposé en *Principes* I, art. 41 et repose sur les thèmes de l'incompréhensibilité divine et des rapports entre fini et infini (voir *infra*, p. 101-102) : on n'a pas à renoncer à des éléments bien connus (notre liberté d'une part, la toute-puissance et l'omniscience divine d'autre part) au motif que leurs rapports, par définition *incompréhensibles* pour un entendement fini, demeurent mal élucidés. Sur cette question de la préordination, Descartes rejoint donc la position compatibiliste de Bossuet (*Traité du libre arbitre*, chap. 4) : « tenir fortement comme les deux bouts de la chaîne, quoiqu'on ne voie pas toujours le milieu par où l'enchaînement se continue ».

Le Dieu de Descartes

Les preuves

Descartes propose trois arguments (ou plutôt deux, si l'on considère que les deux premiers sont deux versions d'un même raisonnement) en faveur de l'existence de Dieu.

Développé dans la première moitié de la Méditation III, le premier argument, parfois nommé « preuve par les effets », est original et fort complexe, si bien qu'on en donnera ici une présentation simplifiée. À ce stade des *Méditations* et compte tenu des raisons de douter qui ont été évoquées mais pas encore levées, la seule existence assurée est celle de la chose qui pense, dès lors menacée d'enfermement dans une forme de solipsisme métaphysique. Descartes décide donc d'examiner si, « entre les choses dont j'ai en moi les idées, il y en a quelques unes qui existent hors de moi » (Méd. III, AT IX 31), autrement dit de se demander si j'ai les moyens d'établir que, métaphysiquement parlant, « je ne suis pas le seul dans le monde » (AT IX 33). Cet examen prend la forme d'une enquête « causale » reposant sur le principe « il doit y avoir pour le moins autant de réalité dans la cause efficiente et totale que dans son effet » (AT IX 32) appliqué aux idées considérées dans leur « réalité formelle », c'est-à-dire comme des objets. Les réactions étonnées de certains des objecteurs aux *Méditations* (notamment Caterus : I es Obj., AT IX 74-75) manifestent que cette application d'une forme de ce que d'autres appelleront le « principe de raison suffisante » au domaine des représentations est novatrice. On peut y voir un moment-clé de l'histoire de la métaphysique (Carraud, 2002, p. 205-217) et, peut-être, la naissance de ce qui deviendra les « sciences humaines ». Descartes passe alors en revue l'ensemble de ses idées : de lui-même, des anges, des animaux, d'autres hommes, de choses matérielles, d'une substance infinie. Et il estime qu'en tant que chose, ou substance, pensante finie, il peut (c'est une possibilité, pas nécessairement une réalité) être la cause de toutes ces idées, sauf d'une seule : l'idée de substance *infinie*, qui contient trop de « réalité objective » (d'être représenté) pour qu'une substance finie comme l'est la chose qui pense puisse l'avoir produite. « Et par conséquent il faut […] nécessairement conclure que Dieu existe ; car, encore que l'idée de la substance soit en moi, de cela même que je suis une substance, je n'aurais pas néanmoins l'idée d'une substance infinie, moi qui suis un être fini, si elle n'avait été mise en moi par quelque substance qui fût véritablement infinie » (AT IX 36). En toute rigueur, cet argument (ne) prouve donc (que) l'existence d'un Dieu déterminé comme *substance infinie*.

La suite de la Méditation III donne une seconde version de cet argument, dont Descartes explique dans les IIes Réponses qu'elle est plus « aisée à concevoir » (*palpabilius*, plus « palpable » dit le latin, AT VII 136, IX 107) que la première. Au lieu de partir, comme l'argument précédent, de l'idée de Dieu en moi, on prend pour point de départ moi qui ai l'idée de Dieu, entendu là encore comme substance infinie. Or je ne peux, étant fini, être la cause de ce moi ayant l'idée d'infini, non plus que ne le peuvent mes parents, ou n'importe quelle autre cause finie, etc. Il faut donc à nouveau conclure qu'une substance infinie existe. L'idée centrale sur laquelle repose cette seconde version de l'argument par les effets – je ne suis pas ma propre cause – permet à Descartes d'introduire deux nouveaux thèmes. En premier lieu, ce qu'on a pris l'habitude d'appeler la « création continuée » : « une substance, pour être conservée dans tous les moments qu'elle dure, a besoin du même pouvoir et de la même action qui serait nécessaire pour la produire et la créer tout de nouveau, si elle n'était point encore. En sorte que […] la conservation et la création ne diffèrent qu'au regard de notre façon de penser, et non point en effet » (Méd. III, AT IX 39 ; voir aussi PP I, art. 21). En second lieu, l'idée que la substance pensante n'a pu se produire elle-même, c'est-à-dire qu'elle n'est pas positivement par soi (*a se*), amène à attribuer cette « aséité positive » à Dieu. Les discussions avec les objecteurs (I^res Rép., AT IX 86-89 ;

IV es Rép., AT IX 182-189) conduisent à préciser cette thèse : en rupture avec toute une tradition expliquant que Dieu est l'être causant et non causé, Descartes affirme, en ces textes complexes et contournés, que Dieu, en tant qu'il se conserve lui-même, peut être appelé « en quelque façon » (*quodammodo*) « cause de soi » (*causa sui*), la causalité en question étant la causalité efficiente. La prudence et les « modalisations » (*quodammodo*) cartésiennes rendent difficiles l'interprétation de ces passages où l'on a pu voir, à la suite d'Heidegger (Marion 1996, p. 143-219), une décisive étape d'une histoire de la métaphysique comprise comme celle de l'incubation du principe de raison suffisante, ici et désormais appliqué à celui qui en était encore exempté avant Descartes : Dieu lui-même, pensé comme s'auto-produisant. Spinoza, puis Hegel, négligeront en tout cas les précautions et nuances cartésiennes pour affirmer décidément la *sui causalité* divine.

Présenté dans la Méditation V, le second argument cartésien en faveur de l'existence de Dieu s'apparente à la preuve mise au point par Anselme de Cantorbery dans le *Proslogion* et que Kant appela plus tard « ontologique ». Cet argument s'appuie sur l'analyse de l'idée de Dieu conçu comme « être souverainement parfait » (*ens summe perfectum*, AT IX 52 ; dans « parfait » on entendra, plus qu'un jugement de valeur, le latin *perfectus*, c'est-à-dire « parachevé », complet, à qui rien ne manque, tout comme lorsque Descartes utilise le mot défaut, *defectus*, il faut avant tout comprendre non l'idée de « vice », mais celle de manque, d'inachèvement). Or on ne peut concevoir qu'une perfection, et en particulier l'existence, manque à l'être souverainement parfait, c'est-à-dire que

quelque chose manque à l'être à qui rien ne manque :
[il est ainsi manifeste] « que l'existence ne peut non
plus être séparée de l'essence de Dieu, que de l'essence
d'un triangle rectiligne la grandeur de ses trois angles
égaux à deux droits, ou bien de l'idée d'une montagne
l'idée d'une vallée ; en sorte qu'il n'y a pas moins de
répugnance [i.e. : de contradiction] de concevoir un
Dieu (c'est-à-dire un être souverainement parfait) auquel
manque l'existence (c'est-à-dire auquel manque quelque
perfection), que de concevoir une montagne qui n'ait
point de vallée » (Méd. V, AT IX 52). À la façon des
deux arguments précédents, ce raisonnement revient
en définitive à faire apparaître la singularité de l'idée
de Dieu : dans toutes les autres idées, l'existence n'est
inscrite qu'à titre de propriété possible ; dans l'idée de
Dieu, elle est nécessairement présente.

Nature du Dieu cartésien

L'originalité de la théologie naturelle de Descartes
réside dans le fait que notre connaissance de Dieu n'est
pas selon lui construite analogiquement à partir des objets
finis rencontrés dans le monde, comme c'est par exemple
le cas dans la tradition thomiste, mais directement développée grâce à notre idée de Dieu, considérée comme
première, « innée ». Les principaux attributs du Dieu
cartésien susceptibles d'être rationnellement déterminés
sont, outre l'infinité et la perfection dont ils découlent :
l'éternité, l'immutabilité, la nécessité, la simplicité,
la toute-puissance, l'omniscience, le fait que Dieu soit
source de toute bonté et vérité et créateur de toutes
choses (cf. PP I, art. 22). À plusieurs reprises (mais sans
aller jusqu'à parler « d'attribut principal » de Dieu),
Descartes a insisté sur l'infinité comme caractéristique

spécifique de la divinité, notamment au moyen d'une distinction conceptuelle entre fini, infini et indéfini. Sont dites finies les choses limitées à tous égards, comme les objets du monde. La pleine et complète infinité ne concerne à proprement parler que Dieu seul « parce qu'en lui seul sous tous les aspects non seulement nous ne reconnaissons aucune limite, mais aussi nous entendons positivement qu'il n'y en a aucune » (texte latin de PP I, art. 27). On parlera d'indéfini pour « les choses auxquelles sous quelque considération seulement je ne vois pas de fin » (I res Rép., AT IX 89), « ce en quoi nous ne remarquons aucune borne, comme l'étendue du monde, la divisibilité des parties de la matière, le nombre des étoiles, etc. » (texte latin de PP I, art. 26). La façon dont l'infinité divine se manifeste à notre esprit fini est l'*incompréhensibilité*, au sens technique que Descartes donne à ce terme, dans lequel il entend l'étymologie latine : *cum-prehendere* signifie prendre avec, faire le tour, embrasser. Ainsi, « on peut savoir que Dieu est infini et tout puissant, encore que notre âme étant finie ne le puisse comprendre [...] : de même que nous pouvons bien toucher avec les mains une montagne, mais non pas l'embrasser comme nous ferions un arbre, ou quelque autre chose que ce soit qui n'excédât point la grandeur de nos bras : car comprendre, c'est embrasser de la pensée, mais pour savoir une chose, il suffit de la toucher de la pensée » (à Mersenne du 27-05-1630, AT I 152). Cette distinction entre entendre (*intelligere*) Dieu et le comprendre (voir V es Rép., AT IX 210) est capitale et indique que chez Descartes le terme « incompréhensible » appliqué à Dieu n'a en aucune façon le sens contemporain de « inintelligible, dénué de sens ». Ainsi, la théologie naturelle de Descartes est tout entière soutenue par une position nuancée, voire complexe, sur les conditions intellectuelles de la connaissance de Dieu : nous sommes capables d'entendre (*intelligere*) Dieu, c'est-à-dire que nous en avons une idée claire et distincte et que nous pouvons obtenir des conceptions elles aussi claires et distinctes de ses principaux attributs – et c'est pourquoi une théologie naturelle, ou philosophique, véridique et bien fondée est à bon droit envisageable. Mais nous ne pouvons *comprendre* Dieu, prétendre en épuiser les déterminations, parvenir à son sujet à quelque chose qui serait comme un « savoir absolu ». Les commentateurs ont diversement jugé cette affirmation simultanée de l'intelligibilité de Dieu et de son incompréhensibilité. Certains (Marion 1986, notamment p. 257-292) ont vu dans ce dernier thème une sorte de cache-misère conceptuel au moyen duquel Descartes masquerait tant bien que mal les incohérences de sa théologie naturelle, qui serait en son fond un « système de contradictions » incapable d'articuler de façon cohérente des conceptions de Dieu (infini, parfait, bon, etc.) empruntées à diverses traditions théologiques. Plus charitablement, d'autres (Beyssade 2001, p. 133-167 ; Devillairs 2004) interprètent ce thème de l'incompréhensibilité comme la marque positive, pour notre pensée, de l'unité de l'essence divine infinie et considèrent qu'il ouvre la voie à une théologie originale conciliant la reconnaissance d'une réelle transcendance de Dieu et la confiance placée dans les capacités de la raison humaine lorsqu'elle fait œuvre théologienne.

Le Dieu de Descartes reçoit également une fonction « épistémique » centrale dans l'édification de la connaissance philosophique : il est « souverainement véridique » (*summe verax*, PP I, art. 29) c'est-à-dire qu'il « assure » la validité des connaissances claires et distinctes contre une objection du type de celle du « Dieu trompeur », si bien que « la certitude et la vérité de toute science dépend de la seule connaissance du vrai Dieu » (Méd. V, AT IX 56). On peut donner au moins trois lectures du raisonnement qui conduit Descartes à affirmer cette véracité divine (voir les explications des II es Rép., AT IX 112-115 et VI es Rép., AT IX 230-232). La première est d'allure morale : Dieu est parfait, au sens de « sans vices » ; or mentir est une imperfection ; donc Dieu ne ment pas. La deuxième, moins moralisante, est de type « ontologique » : Dieu consistant en l'être pur et souverain ne peut se porter vers la tromperie, qui enveloppe du néant. La troisième, plus éloignée de la lettre du texte cartésien, est celle que retiendra par exemple Spinoza : Dieu est parfait, c'est-à-dire complet, et comprend donc en lui toutes les idées vraies de toutes choses ; puisque ces idées vraies existent, notre esprit peut les atteindre, lorsqu'il porte les conditions d'exercice de sa puissance de penser à leur optimum, c'est-à-dire la clarté et la distinction.

Cette idée que le Dieu « vérace » assure la validité de nos conceptions claires et distinctes a dès sa formulation donné lieu à l'objection dite du « cercle cartésien » (voir par ex. IV es Obj., AT IX 166), liée au poids conféré par Descartes à la raison de douter dite du « Dieu trompeur » : ce qui garantit la validité de nos idées claires et distinctes, c'est l'existence d'un Dieu qui ne trompe pas ; mais c'est au moyen d'un raisonnement formé d'idées tenues pour claires et distinctes qu'on établit que Dieu n'est pas trompeur. Un lieu essentiel de la métaphysique cartésienne, qui constitue la condition

de possibilité de toute connaissance vraie, semble donc
vicié par une circularité logique, dont les conséquences
semblent même pouvoir ébranler la certitude du *cogito*,
puisque ce dernier est formulé avant que soit établie la
véracité divine. Descartes répond rapidement (IV es Rép.,
AT IX 189-190 ; Burman, AT V 178) à cette objection
fameuse qui l'a manifestement préoccupé moins que
ses commentateurs. Il distingue pour ce faire l'évidence
actuelle de l'évidence remémorée (ce que suggérait déjà
à sa façon la formulation du *cogito* donnée dans les
Méditations : « cette proposition 'je suis, j'existe' est
nécessairement vraie *toutes les fois que je la prononce ou
que je la conçois en mon esprit* », AT IX 19), soit peut-
être, dans le vocabulaire des *Regulae*, l'intuition de la
déduction : une évidence actuelle, présente à l'esprit qui
la « performe », est auto-suffisante et assure d'elle-même
sa validité. En revanche, une évidence, ou une chaîne de
raisons, remémorée ne bénéficie pas de la caution que
lui confère la perception effective de sa clarté et de sa
distinction, et requiert donc la garantie divine. Dans la
mesure où notre esprit est limité, dès lors que son savoir
s'accroît, il ne peut considérer comme actuellement
présents à son attention l'ensemble des énoncés qu'il
utilise, si bien que l'existence d'un Dieu « vérace »
constitue effectivement la condition du développement
de la science. La question de savoir si nos évidences
actuelles, y compris les plus fondamentales d'entre elles
(le *cogito*, la « règle générale » du critère de la vérité),
sont remises en question par le « Dieu trompeur »
reste toutefois débattue chez les exégètes (voir par
ex. M. Beyssade 1997 ; Marion, 1996, p. 49-83). Plus
largement, cette objection du « cercle cartésien » attire
l'attention sur une difficulté récurrente chez Descartes :

comment inscrire les modalités temporelles de notre pensée dans la permanence, et résister à ce que le temps peut avoir de défaisant pour nos démonstrations ?

Dans la Méditation VI, qui marque de ce point de vue la « sortie de la métaphysique » et le passage à la physique, et même à la morale, Descartes s'appuie sur cette « véracité » divine pour lever les raisons de douter de l'existence du monde matériel en général, et des corps en particulier, qui avaient été avancées dans la Méditation I : étant donné que « Dieu n'est pas trompeur » d'une part, et que nous faisons d'autre part dans la sensation l'expérience d'une affection par quelque chose qui n'est pas nous, il n'y a pas de raison de douter que ces affections (ces « idées », au sens large) sont « produites par d'autres causes que par des choses corporelles. Et partant il faut confesser qu'il y a des choses corporelles qui existent » (Méd. VI, AT IX 63).

Foi et raison

Ainsi présenté et tel qu'il apparaît en contexte métaphysique, le Dieu de Descartes métaphysicien est avant tout ce que Pascal appelait un « Dieu de philosophe », et non un Dieu « sensible au cœur », auquel on s'adresse par la prière. Rien n'empêche, à la façon de Descartes qui a toujours proclamé sa foi catholique, de reconnaître *en plus* les déterminations spécifiquement « religieuses » du Dieu chrétien (un et trine, distributeur de la grâce, incarné en Jésus-Christ, répondant aux prières, etc.) dans ce Dieu dont la métaphysique cartésienne établit l'existence et certaines propriétés, mais rien ne le nécessite non plus. Descartes propose ainsi une conception philosophique de Dieu qu'on peut dire « ouverte », au sens où elle fournit comme un socle commun à de nombreuses positions religieuses envisageables du moment qu'elles valident les caractéristiques de Dieu rationnellement déterminées (unité, infinité, perfection, etc.). En ce sens, on pourra remarquer que la fameuse identification de Dieu à la « nature », où l'on voit parfois l'essentiel du spinozisme, est opérée par Descartes lui-même dans la Méditation VI (AT IX 64) : « par la nature, considérée en général, je n'entends maintenant autre chose que Dieu même ».

Descartes développe ainsi une conception des rapports entre foi et raison clarifiée et apaisée, fort éloignée de la dramatisation pascalienne sur ce sujet. Cette conception est synthétisée dans un texte des *Notae in programma quoddam* :

> …il y a trois genres de questions qu'il faut ici distinguer. Certaines choses en effet ne sont crues que par la foi, comme le sont le mystère de l'Incarnation, la Trinité, et d'autres semblables. D'autres, bien qu'elles regardent la foi, peuvent pourtant être recherchées par la raison naturelle ; parmi elles, les théologiens orthodoxes ont coutume de recenser l'existence de Dieu, et la distinction entre l'âme humaine et le corps. Et enfin d'autres ne concernent en aucune façon la foi, mais seulement le raisonnement humain, comme la quadrature du cercle, la façon de fabriquer de l'or, et d'autres semblables. Mais ils abusent des paroles de la Sainte Écriture, ceux qui, en les expliquant mal, pensent en tirer des énoncés de la troisième catégorie [c'est ce qui se passa lors de « l'affaire Galilée »] ; et de même, ils portent aussi atteinte à l'autorité de l'Écriture ceux qui s'efforcent de démontrer des énoncés de la première catégorie par des arguments tirés de la seule philosophie ; mais néanmoins tous les théologiens soutiennent qu'il faut montrer que ces énoncés mêmes ne sont pas contraires à la lumière naturelle, et c'est

en cela qu'ils font principalement consister leur travail. Quant aux énoncés de la deuxième catégorie, non seulement ils jugent qu'ils ne sont pas contraires à la lumière naturelle, mais encore ils exhortent les philosophes à les démontrer autant qu'ils le peuvent par des raisons humaines. (AT VIII, 353)

Ce texte carré est typiquement cartésien en sa volonté de délimiter nettement des domaines de compétence. Il présente et prétend régler la question des rapports entre foi et raison en l'envisageant d'abord sur le mode du « chacun chez soi », de sorte qu'on a parfois appelé « séparatisme » la position de Descartes sur ces sujets. Il s'agit de délimiter rigoureusement ce qui relève de la foi et ce qui relève de la raison naturelle (« naturel » s'opposant ici à tout ce qui est d'ordre surnaturel, comme une Révélation) et d'éviter les croisements, les permutations, les franchissements de frontière qui amèneraient à l'envahissement d'un domaine par l'autre. Dans sa pratique intellectuelle, Descartes s'est en général tenu à ce schéma de rapports, c'est-à-dire que, tout en proclamant sa foi dans la certitude des vérités révélées (PP I, art. 25 « il faut croire tout ce qui est révélé par Dieu, même si cela dépasse notre capacité »), il s'est contenté de développer une théologie naturelle, ou rationnelle, en évitant de se mêler des questions concernant la théologie « positive », ou révélée. Il ne s'est en revanche pas privé de souligner, souvent sur un mode polémique, en dévalorisant l'aristotélisme sur ce point, l'*accord* entre sa philosophie et la foi chrétienne : « J'ai sujet de rendre grâces à Dieu de ce que les opinions qui m'ont semblé les plus vraies en la Physique, par la considération des causes naturelles, ont toujours été celles qui *s'accordent le mieux* de toutes avec les mystères de la Religion, comme j'espère faire voir clairement aux occasions » (à *Noël* d'octobre 1637, AT, I 456 ; voir aussi *à Mersenne* du 31-03-1641, AT III 349-350 ; *à X* de mars 1642 (?), AT V 544). Et en quelques occurrences, Descartes s'est aussi essayé à proposer des *explications* de mystères de la foi chrétienne à l'aide des concepts de la philosophie : l'exemple le plus célèbre est sa réflexion sur la façon dont, au cours de l'eucharistie, le pain et le vin sont convertis, sans que leur apparences changent, en corps et sang du Christ dès lors « réellement présent » (voir notamment IV⁽ᵉˢ⁾ Rép., AT IX 191-197 ; VI⁽ᵉˢ⁾ Rép., point 7 ; *à Mesland* du 02-05-1644 et 09-02-1645 ; sur ces « physiques eucharistiques » cartésiennes, voir Laporte 1945, p. 405-419 et Armogathe 1977). Somme toute, Descartes estimait qu'« il n'y aura […] aucune difficulté d'accommoder la Théologie à [sa] façon de philosopher » (*à Mersenne* du 28-01-1641, AT III 295). Mais il ne s'est lui-même que peu lancé dans ces opérations « d'accommodation », et il faisait sans doute preuve à ce sujet d'un certain optimisme, comme en témoignent les nombreuses attaques dont il fut victime de la part de théologiens de tous ordres, les « censures » qui frappèrent le cartésianisme dans la seconde moitié du XVII⁽ᵉ⁾ siècle, la mise à l'Index de certains de ses ouvrages par l'Église en 1663 et le développement d'un vif et durable courant d'anti-cartésianisme catholique (voir par ex. sur ce dernier point Maritain 1925).

La « création » des vérités éternelles

La thèse dite de la « création des vérités éternelles » (l'expression n'est pas utilisée par Descartes) constitue une originalité majeure de sa pensée, dans laquelle on a pu voir le socle métaphysique de toute sa philosophie

(Marion, 1981). Les présentations les plus nettes de cette thèse se trouvent dans la correspondance (*à Mersenne* du 15 avril, 6 mai, 27 mai 1630 ; *à Mesland* du 02-05-1644 ; *à Arnauld* du 29-07-1648), comme si son audace en rendait délicate l'expression publique. Dans les textes publiés, le seul exposé explicite apparaît dans les VI es Réponses, points 6 et 8. Cette thèse stipule que « les vérités mathématiques [les textes ultérieurs diront : toutes les vérités, y compris les vérités de morale], lesquelles vous nommez éternelles, ont été établies de Dieu et en dépendent entièrement, aussi bien que tout le reste des créatures » (*à Mersenne* du 15-04-1630, AT I 145) ou encore que Dieu a « disposé les vérités éternelles […] par le même genre de causalité qu'il a créé toutes choses, c'est-à-dire comme cause efficiente et totale » (*à Mersenne* du 27-05-1630, AT I 151-152). Cette façon d'étendre à toutes les vérités (logiques, mathématiques, morales) la relation de causalité efficiente et créatrice qu'on envisage à l'accoutumée entre Dieu et les choses est novatrice. Avant Descartes, les théologiens médiévaux envisageant la question « que peut Dieu ? » avaient en effet maintenu qu'il existait des limites à l'exercice de la puissance et de la liberté divines : le logiquement contradictoire au moins et, selon certains, le moralement inacceptable. Descartes, lui, affirme que Dieu est, littéralement et sans nuances, tout-puissant, que *rien* ne limite l'exercice de la puissance divine ou, en d'autres termes, que ce n'est pas parce que Dieu connaît que les choses sont vraies et bonnes qu'il les veut, mais que c'est parce qu'il les veut qu'elles sont vraies et bonnes (cf. *à Mersenne* du 06-05-1630, AT I 149), c'est-à-dire qu'en Dieu, l'activité de l'entendement ne précède pas celle de la volonté. Théologiquement parlant, cette thèse propose donc l'image d'un Dieu vraiment tout-puissant, aussi « transcendant » que possible : il est situé sur une sorte de promontoire d'éternité d'où il surpasse non seulement le monde, mais aussi le vrai et le bien, et sa liberté s'apparente à notre liberté d'indifférence (*à Mesland* du 02-05-1644, AT IV 118 : « Il a été libre et indifférent à Dieu de faire qu'il ne fût pas vrai que les trois angles d'un triangle fussent égaux à deux droits, ou généralement que les contradictoires ne peuvent être ensemble »). Épistémologiquement, cette thèse fournit ses soubassements métaphysiques à l'innéisme cartésien : les « vérités éternelles » sont ces « lois » de la nature créées par Dieu et simultanément *mentibus nostris ingenitae* (« innées en nos esprits », *à Mersenne* du 15-04-1630, AT I 145). Anthropologiquement enfin, cette thèse exprime la situation particulière de l'individu cartésien. Ce dernier n'est assurément pas sceptique dans la mesure où il a été doté par Dieu d'outils lui permettant de parvenir à la connaissance vraie. Mais il sait aussi qu'il n'est pas en position d'atteindre le « savoir absolu » puisqu'il conçoit qu'il existe un point de vue différent du sien sur le monde : le point de vue de Dieu qui tout à la fois donne la vraie science et se tient au-delà, ou en-deçà, des concepts qui la constituent. Cette thèse dessine donc, du point de vue de la connaissance, comme l'équivalent de la fameuse phrase de la Méditation IV qui assigne à l'*ego* cartésien sa place : « Je suis comme un milieu entre Dieu et le néant » (AT IX 43).

Le caractère étonnant de cette thèse cartésienne, voire son statut de quasi-hapax métaphysique, apparaissent encore mieux si l'on considère qu'elle fut assez généralement et catégoriquement refusée chez les post-cartésiens (notamment Malebranche et Leibniz ; voir

Rodis-Lewis 1985, p. 183-219 ; Gasparri 2007) : on lui a reproché d'une part de détruire l'idée de providence en véhiculant l'image d'un Dieu hyper-volontariste agissant « à l'aveuglette » ; et d'autre part de conduire au scepticisme, en relativisant l'éternité des « vérités éternelles » : « Tout est donc renversé. Il n'y a plus de science, plus de morale. […] Cette conséquence est claire à celui qui suit pied à pied ce faux principe que Dieu produit l'ordre et la vérité par une volonté entièrement libre. […] [Descartes] ne prenait point garde qu'il y a un ordre, une loi, une raison souveraine que Dieu aime nécessairement, qui lui est co-éternelle, et selon laquelle il est nécessaire qu'il agisse, supposé qu'il veuille agir » (Malebranche, *Recherche de la vérité, VIIIe Éclaircissement*). Descartes aurait sans doute répondu qu'il ne soutenait pas qu'en Dieu la volonté précède l'entendement sans être éclairée par lui, mais qu'il existe une parfaite simultanéité dans l'exercice de ces facultés divines : « c'est en Dieu une même chose de vouloir, d'entendre et de créer, sans que l'un précède l'autre, *ne quidem ratione* » (*à Mersenne* du 27-05-1630, AT I 153 ; *ne quidem ratione* signifie : pas même par la plus petite des distinctions envisageables, la « distinction de raison » – voir PP I, art. 62).

LA PHYSIQUE, LA MÉCANIQUE ET LA MÉDECINE

La seconde est la Physique, en laquelle après avoir trouvé les vrais Principes des choses matérielles, on examine en général comment tout l'univers est composé, puis en particulier quelle est la nature de cette Terre, et de tous les corps qui se trouvent le plus communément autour d'elle, comme de l'air, de l'eau, du feu, de l'aimant et des autres minéraux. En suite

> de quoi il est besoin aussi d'examiner en particulier la
> nature des plantes, celle des animaux, et surtout celle de
> l'homme qui se réduisent à trois principales, à savoir la
> Médecine, la Mécanique et la Morale.

Avec son contemporain Galilée et sans oublier qu'il fut influencé par d'autres auteurs s'intéressant à la « physico-mathématique » (Beeckman, Kepler), Descartes peut être considéré comme le fondateur de la physique moderne, la « nouvelle science » qui a permis la formidable accélération du progrès technique depuis le XVIIe siècle. La physique est pour Descartes la science de l'ensemble du monde matériel, aussi bien dans ses structures générales que dans ses domaines plus particuliers : l'astronomie, l'optique, la météorologie, la musicologie, etc.; mais aussi la botanique et la zoologie – en tant que les animaux, dépourvus d'âme selon Descartes, se laissent, à la différence de l'homme, intégralement décrire comme des « machines » agissant « suivant les lois exactes des mécaniques » (*à Mersenne* du 20-02-1639, AT II 525); et enfin la médecine en tant qu'elle traite du fonctionnement de ce secteur particulier du monde matériel qu'est le corps humain lui aussi réductible, si on fait abstraction du lien très étroit qui l'unit à l'esprit, à une machine. Sur la thèse dite des « animaux-machines » (l'expression n'est pas de Descartes) et la réduction des corps vivants à des « automates » complexes, on verra le célèbre passage de DM V, AT I 55-59 et *à Newcastle* du 23-11-1646, AT IV 573-576. La capacité à répondre à propos constitue selon Descartes le critère permettant de distinguer une machine parlante ou un animal doué de parole (pie, perroquet) d'un être pensant.

Le fondement de la physique cartésienne est la réduction de l'essence de la matière à l'étendue : la matière est chose étendue (*res extensa*) en longueur, largeur et profondeur. Cela exclut l'existence du vide – PP II, art. 16-18 – et celle des atomes – PP II, art. 34, mais la question demeure débattue de savoir si Descartes estime qu'il existe une seule substance matérielle dont les différents corps sont des « modes », ou si chaque corps est selon lui une substance (voir de Buzon 2013, p. 271-293). Dès lors, on peut congédier comme scientifiquement superflues les qualités, vertus, formes substantielles, etc. qu'utilisait la physique aristo-télicienne. Et il est envisageable de saisir l'essence de toute chose matérielle en termes de « grandeurs, figures, situations et mouvements » (*magnitudines, figuras, situs et motus locales* : Méd. V, AT VII 63, IX 50), si bien que la physique cartésienne peut se constituer par l'usage d'outils mathématiques permettant de décrire adéquatement la structure du monde matériel et le comportement des corps particuliers : la physique est ainsi « réduite aux lois des mathématiques » (*à Mersenne* du 11-03-1640, AT III 39) ; « toute ma physique n'est autre chose que géométrie » (*à Mersenne* du 27-07-1638, AT II 268) ; « je ne reçois point de principes en physique, qui ne soient aussi reçus en mathématique [...] et ces principes suffisent, d'autant que tous les phénomènes de la nature peuvent être expliqués par leur moyen » (PP II, art. 64 ; sur ce texte important, voir de Buzon, 2013, p. 127-146). Ces affirmations ne se traduisent pas toutefois par une mathématisation (du moins au sens de la physique actuelle) effective de la physique cartésienne lorsqu'elle aborde des phénomènes particuliers : il est frappant en ce sens de constater que *Le Monde* ou les parties III et IV des *Principes* ne contiennent aucun calcul, de sorte que reste ouverte la question du statut exact d'une physique *de droit* mathématique et qui *de fait* ne l'est quasiment pas. Dans une longue *Lettre à Mersenne* du 11-10-1638 (AT II 380 *sq.*), Descartes fait le point sur ce qui selon lui le rapproche et le sépare de Galilée : ce dernier a eu raison en ce qu'il « tâche à examiner les matières physiques par des raisons mathématiques » mais il pèche en « ce qu'il fait continuellement des digressions », ne procède pas en respectant « l'ordre » et a par conséquent « bâti sans fondement ».

Une des particularités de la physique de Descartes est en effet que ce dernier considère lui avoir procuré un « fondement » métaphysique : « ce peu de métaphysique [les *Méditations*] contient tous les principes de ma physique » ; « ces six Méditations contiennent tous les fondements de ma physique » (*à Mersenne* du 11-11-1640, AT III 233 et du 28-01-1641, AT III 298). Ce rapport de « fondation » s'entend à différents niveaux : en premier lieu, la métaphysique permet d'attester l'existence des choses corporelles. Du point de vue cognitif ensuite, Dieu « non trompeur » assure la validité de nos conceptions claires et distinctes au sujet des corps. En troisième lieu, la solidarité des énoncés rencontrés au long de la « chaîne de raisons » qui relie la métaphysique à la physique est selon Descartes telle qu'il accepta à plusieurs reprises de gager la certitude de toute sa philosophie sur certains résultats de sa physique. Ce fut par exemple le cas, au moment de la condamnation de Galilée, avec la thèse du « mouvement de la terre » : « je confesse que, s'il est faux, tous les fondements de ma philosophie le sont aussi, car il se démontre par eux évidemment (*à Mersenne*, novembre 1633, AT I 271 ; Descartes fit le même genre de déclaration, qui nous paraît rétrospectivement quelque peu inconsidérée, à propos de sa thèse d'une transmission instantanée – sans « vitesse », donc – de la lumière : *à Beeckman* du 22-08-1634, AT I 308). Enfin, reprenant un des concepts nodaux des *Regulae*, Descartes a parfois affirmé que les principes de sa physique étaient « déduits » de sa métaphysique : « les principes dont je me sers touchant les choses immatérielles ou métaphysiques, desquels je *déduis* très clairement ceux des choses corporelles ou physiques » (LPPP, AT IX 10). Cette relation de déduction – complexe et dont la nature fait l'objet de débats entre les commentateurs – est par exemple à l'œuvre dans les *Principes* II, art. 36 *sq.* (texte parallèle dans le *Monde*, VII, AT XI 36 *sq.*) qui formulent, en plusieurs étapes, ce qu'on appellera plus tard le principe d'inertie, ou la première loi de Newton (sur ces différentes « lois du mouvement » cartésiennes, voir Carraud et de Buzon, 1994). Dans ce passage des *Principes*, l'idée qu'il se conserve dans le monde une « égale quantité de mouvement » est justifiée par l'affirmation (métaphysique) de l'immuabilité et de la constance d'un Dieu qui « agit d'une façon qu'il ne change jamais » (art. 36) ; l'affirmation « chaque chose demeure en l'état qu'elle est, pendant que rien ne le change » est justifiée par le fait que « Dieu n'est point sujet à changer et qu'il agit toujours de même sorte » (art. 37) ; et Descartes soutient que la thèse « tout corps qui se meut tend à continuer son mouvement en ligne droite » « comme la précédente dépend de ce que Dieu est immuable, et qu'il conserve le mouvement en la matière par une opération très simple » (art. 39).

Est-ce à dire que la physique cartésienne est entièrement, et jusque dans ses erreurs, bâtie *a priori*, par des opérations de « déduction » conduites à partir de l'idée de Dieu ? À l'évidence non, cette physique se constituant plutôt par la conjugaison de principes formels posés *a priori* et de données factuelles fournies *a posteriori* par les expériences. Ce qui est posé métaphysiquement et *a priori*, c'est, dirait un kantien, la forme-loi de la loi, le fait que l'univers soit organisée par des lois constantes et immuables (correspondant aux « décrets divins » dont il est question avec la « création des vérités éternelles ») ainsi que les aspects du contenu de ces lois qui relèvent de la « constance ». Mais pour le reste, la physique cartésienne fait en permanence appel à l'expérience, à laquelle on peut assigner au moins trois fonctions. En premier lieu, l'expérience permet, pour un phénomène donné, de choisir entre différentes explications déduites *a priori* possibles : « ces principes [de ma physique] sont si simples et si généraux, que je ne remarque quasi plus aucun effet particulier, que d'abord je ne connaisse qu'il peut en être *déduit* en plusieurs diverses façons ; et que ma plus grande difficulté est d'ordinaire de trouver en laquelle de ces façons il en dépend. Car à cela je ne sais point d'autre expédient que de chercher derechef quelques expériences, qui soient telles que leur événement [= leur résultat] ne soit pas le même si c'est en l'une de ces façons qu'on doit l'expliquer, que si c'est en l'autre » (DM VI, AT VI 64-65). En second lieu, l'expérience confirme non seulement ce qui a été déduit, mais aussi quelque hypothèse que ce soit : « les principes dont je me sers sont très évidents […] les conséquences que j'en tire sont fondées sur l'évidence des mathématiques

[…] ce que j'en *déduis* de la sorte *s'accorde exactement avec toutes les expériences* » (PP III, art. 43). Enfin, les expériences servent surtout à continuer l'édification de la physique lorsqu'il devient impossible, parce qu'on atteint des domaines trop particuliers, de poursuivre les déductions : « je remarquais, touchant les expériences, qu'elles sont d'autant plus nécessaires qu'on est plus avancé en connaissance » (DM VI, AT VI 63). Les exemples de recours cartésiens aux expériences de tous ordres abondent, comme dans la *Dioptrique*, les *Météores* ou l'*Homme*, qui reposent dans leur quasi-totalité sur des expériences d'optique, des observations de phénomènes célestes, ou sur la circulation du sang, le cerveau, les muscles, le cœur, les nerfs, la digestion, etc. Et Descartes lança aussi, à la fin du *Discours*, un appel à l'aide, et aux subsides, dans la mesure où « pour ce qui est des expériences […], un homme seul ne saurait suffire à les faire toutes » (DM VI, AT VI 72). La critique de ceux qui dénoncent dans la physique de Descartes un « roman de la nature » ou une « rêverie » (Pascal, *Pensées*, Lafuma, 1008 et 1005) construite entièrement *a priori* et totalement déduite de Dieu est donc caricaturale, sinon injuste. Tout au contraire, la physique cartésienne fait une grande place à l'expérience, et engage une réflexion fine sur son statut et sa portée (voir par ex. Wickes et Crombie, 1988).

Dans sa démarche générale, un des traits marquants de la physique de Descartes est qu'elle répudie l'appel, récurrent chez les aristotéliciens, aux considérations finalistes (« causes finales »), pour lui substituer une démarche explicative réduite aux seules causes efficientes (voir par ex. PP I, art. 28, plus clair en latin qu'en français). Cela ne signifie pas pour autant, comme on l'affirme parfois, que « Descartes veut détruire jusque dans son fondement la conception finaliste de la nature » (Gilson 1913-1, p. 94). Il affirme plutôt que le monde et les êtres qui le composent, sagement disposés par Dieu (Méd. VI, AT IX 64 : « l'ordre et la disposition que Dieu a établie dans les choses créées ») ont des fins, mais qu'il n'est pas en notre pouvoir de les connaître : « Nous ne devons pas trop présumer de nous-mêmes comme il semble que nous ferions […] si nous prétendions de pouvoir connaître par la force de notre esprit quelles sont les fins pour lesquelles il [Dieu] les [toutes choses] a créées » (PP III, art. 2). Le seul cas où Descartes admet que nous pouvons connaître les fins de Dieu est « si lui-même nous les révèle » (à l'Hyperaspistes d'août 1641, AT III 431, Alq II 370 ; voir aussi Burman, AT V 158 et sur ces thèmes Laporte 1945, p. 343-360).

Un des lieux les plus célèbres de la physique de Descartes est l'hypothèse qu'il propose concernant la création du monde (Voir Monde 5 à 8 ; DM V, AT VI 42-45 ; PP III, art. 45 sq.). L'idée générale est que notre monde a pu être obtenu à partir d'une masse de matière initialement amorphe (Descartes parle d'un « chaos ») en laquelle Dieu a infusé sagement des mouvements et qui dès lors, en suivant les « lois ordinaires de la Nature », finit par constituer l'univers matériel en son état actuel. Prise à la lettre, l'hypothèse semble contredire le récit de la création du monde en six jours proposé par la Genèse. Mais Descartes, sans qu'on sache s'il s'agit d'une attitude de prudence destinée à éviter les démêlés avec les théologiens ou d'une sincère réserve scientifique, a toujours d'une part présenté cette hypothèse comme une

« fable » (*Monde* 6, AT, XI, 31 ; 8, AT XI 48) c'est-à-dire une genèse idéale d'un cosmos fictif, destinée à faire apparaître la puissance explicative des principes de la physique mécaniste, sans prétendre décrire pour autant ce qui s'est réellement passé : « Toutefois je ne voulais pas inférer, de toutes ces choses, que ce monde ait été créé en la façon que je le proposais ; car il est bien plus vraisemblable que, dès le commencement, Dieu l'a rendu tel qu'il devait être (DM V, AT VI 45 ; voir aussi PP III, art. 45 et IV, art. 1) ; et d'autre part il a à plusieurs reprises affirmé que son hypothèse cosmologique pouvait être conciliée avec le récit biblique (*à Boswell* (?) de 1646 (?), AT IV 698 ; *Burman*, AT, V 169 ; voir Laporte 1945, p. 381-391).

La mécanique désigne globalement la science des machines qui permettent l'action « technique » sur le monde et, en un sens plus restreint en cours au XVIIe siècle, la théorie des engins de levage (poulies, leviers, grues, etc.). Descartes a proposé un micro-traité de ce type d'engins dans une copieuse *Lettre à Huygens* du 05-10-1637 (AT I 431-448).

La médecine est quant à elle la partie de la physique qui s'occupe des organismes et en particulier du corps humain. Quant aux thèses médicales, Descartes a par exemple été un des premiers à admettre la circulation sanguine (DM V, AT VI 46-55), défendue dès 1628 par le médecin anglais William Harvey, et il a donné du cœur une description exacte dans les grandes lignes. Mais il s'est trompé en ne comprenant pas que le cœur est un muscle et en expliquant la circulation sanguine par un phénomène de dilatation du sang sous l'effet de la chaleur supposée de cet organe. Sur le fond, Descartes estime

que la médecine est une « science nécessaire » mais que
« tout ce qu'on y sait n'est presque rien à proportion de
ce qui reste à y savoir ». « La conservation de la santé,
laquelle est sans doute le premier bien et le fondement de
tous les autres biens de cette vie » (DM VI, AT VI 61-62)
a toujours fait partie de ses préoccupations majeures et il
a été animé par l'ambition de parvenir, grâce aux progrès
permis par sa philosophie, à « s'exempter d'une infinité
de maladies, tant du corps que de l'esprit, et même aussi
peut-être de l'affaiblissement de la vieillesse, si on avait
assez de connaissance de leurs causes, et de tous les
remèdes dont la nature nous a pourvus » (*ibid.*, 62).

Cet espoir placé en l'amélioration de la vie humaine
par les progrès de la médecine est un cas particulier de
l'espérance technicienne qui anime Descartes lorsqu'il
développe sa physique, et qui s'exprime dans un texte
fameux de la partie VI du *Discours* : « [j'ai] acquis
quelques notions générales touchant la physique [et]
commençant à les éprouver en diverses difficultés
particulières, j'ai remarqué jusques où elles peuvent
conduire [...] elles m'ont fait voir qu'il est possible
de parvenir à des connaissances qui soient fort utiles
à la vie, et qu'au lieu de cette philosophie spéculative
qu'on enseigne dans les écoles, on en peut trouver une
pratique par laquelle, connaissant la force et les actions
du feu, de l'eau, de l'air, des astres, des cieux, et de
tous les autres corps qui nous environnent [...] nous
les pourrions employer [...] à tous les usages auxquels
ils sont propres, et ainsi nous rendre comme maîtres et
possesseurs de la nature » (AT VI 61-62). À la lecture
de ce texte « humaniste » – au sens où il fait de l'être
humain le « seigneur des étants » au service duquel il

faut orienter le monde et les objets qui le composent – voire prométhéen, on prendra garde à ne pas oublier, ainsi qu'on le fait souvent, la nuance introduite par le « comme » de la formule « *comme* maîtres et possesseurs de la nature ». L'espoir technophile manifesté par ces lignes peut aujourd'hui paraître naïf et étonner, voire irriter, les postmodernes que nous sommes, enfants d'une époque où la science, après avoir rendu possibles Auschwitz et Hiroshima, semble par ses effets climatiques mettre en péril l'existence même de cette humanité dont elle prétendait améliorer la condition. Mais on ne perdra pas de vue que ces remarques ne s'appliquent au texte de Descartes que de façon anachronique : en France au XVIIe siècle, on meurt encore fréquemment de faim, de froid, de pneumonie, des épidémies de variole, deux enfants sur trois n'atteignent pas l'âge adulte, on est un vieillard à quarante ans, la médecine est celle que décrit Molière, etc. L'aspiration cartésienne à une amélioration technique de l'existence était dans un tel contexte éminemment légitime ; et nous autres, qui bénéficions sans nous en rendre compte le plus souvent des conforts et des sécurités inouïs octroyés par les progrès accomplis depuis la révolution scientifique du XVIIe siècle, devons bien entendu nous réjouir que l'espoir de Descartes se soit en grande partie concrétisé.

LE « VRAI HOMME »
ET LA « PLUS HAUTE ET PLUS PARFAITE MORALE »

> … et la Morale ; j'entends la plus haute et la plus parfaite Morale, qui, présupposant une entière connaissance des autres sciences, est le dernier degré de la Sagesse. Or comme ce n'est pas des racines ni du tronc des arbres

qu'on cueille les fruits, mais seulement des extrémités de leurs branches, ainsi la principale utilité de la Philosophie dépend de celles de ses parties qu'on ne peut apprendre que les dernières.

L'union de l'âme et du corps

Nous concevons clairement l'esprit et le corps comme deux substances dotées de propriétés différentes : l'un est une chose qui pense, inétendue, indivisible, l'autre une chose étendue, qui ne pense pas, divisible. Une fois levée l'hypothèque du Dieu trompeur, nous pouvons donc affirmer la « distinction réelle » de ces deux substances (voir Méd. VI, AT IX 62), et Descartes apparaît bien de ce point de vue comme un auteur « dualiste ». Contrairement à ce qu'on affirme souvent (et à ce que suggérait le titre donné en 1641 aux *Meditationes*, corrigé par la suite : voir *infra* p. 154), il n'a toutefois pas prétendu que cette distinction réelle *prouve* ou *démontre* l'immortalité de l'âme ou de l'esprit. Il a seulement expliqué qu'elle permet d'en penser la possibilité, dans la mesure où la distinction des deux substances fait que la cessation d'activité et la disparition de l'une (le corps, à la mort) n'implique pas nécessairement la disparition de l'autre (l'esprit ou l'âme) : « mon âme […] est entièrement et véritablement distincte de mon corps, et elle *peut être ou exister* [*posse existere*] sans lui » (Méd. VI, AT IX 62).

Mais une fois « métaphysiquement » distingués l'esprit et le corps, on doit également réfléchir à leur étroite union, pour saisir la nature de ce que Descartes appelle parfois le « vrai homme » (DM V, AT VI 59) ou « *une seule personne*, qui a ensemble un corps et une pensée » (*à Élisabeth* du 28-06-1643, AT III 694). Une bonne partie de la Méditation VI marque ainsi la sortie de la métaphysique et le passage à des considérations de l'ordre de la « morale », qui atténuent, voire rendent problématique, la qualification de Descartes comme auteur catégoriquement « dualiste ». Cette sortie de la métaphysique s'opère en particulier dans un texte canonique de la Méditation VI (AT IX 64-65) où Descartes, examinant ce que « la nature lui enseigne » sur son être, conclut qu'il faut non seulement affirmer qu'il « a un corps » (*habeo corpus*) mais aussi « qu'il lui est conjoint très étroitement et tellement confondu et mêlé qu'il compose comme un seul tout avec lui » : par conséquent, il ne convient plus de dire, comme on a pu le faire en contexte métaphysique, « moi, c'est-à-dire mon âme » (AT IX 62), mais dorénavant « moi-même, tout entier, en tant que je suis un composé du corps et de l'âme » (AT IX 65). À cette occasion, Descartes refuse de se représenter l'union de l'esprit et du corps sur le modèle, classiquement attribué à Platon (voir Aristote, *De l'âme*, 413a 8-9), du rapport du pilote à son navire (ou, dit-il en 1642 à Regius, d'un « ange » qui serait uni à un corps humain : AT III 493, Alq II 915). Le pilote entretient en effet à son navire une relation d'extériorité ou de possession instrumentale qui ne rend pas compte de l'étroitesse de mon rapport à mon propre corps : une éraflure sur la coque du bateau n'affecte en rien le pilote, alors qu'une coupure de mon corps a un retentissement direct dans mon esprit (la douleur). Ce refus du modèle platonicien engage peut-être aussi une réflexion sur la nature de la maîtrise du corps par l'esprit : on ne gouverne pas son corps comme un pilote son navire, ne serait-ce que parce qu'il faut tenir compte de la vie propre qui anime ce corps. Pour exprimer cet aspect de la conception cartésienne des rapports entre esprit et corps, Leibniz

(*Essais de théodicée*, § 60), reprenant une image à saint Augustin (*Des Mœurs de l'Église*, chap. 4), proposera de substituer le modèle du rapport entre le cavalier et son cheval à celui du pilote et du navire. Et Descartes, à l'article 50 des *Passions de l'âme*, comparera quant à lui la régulation des passions en leur origine somatique au dressage des animaux de chasse – ce qui implique que le corps soit certes discipliné, mais non affaibli ou nié.

À partir des années 1640, on assiste à une montée en puissance de l'intérêt cartésien pour tout ce qui ressortit à l'union de l'esprit et du corps. Il est en ce sens significatif que dans les dénombrements de « natures simples » ou « notions primitives », celles qui concernent l'union n'apparaissent pas dans les *Regulae* ou les *Méditations*, mais figurent dans les *Principes* (I, art. 48) ou la correspondance avec Élisabeth (lettre du 21-05-1643). Cette insertion de l'union dans le système des notions primitives enrichit et complique l'ordonnancement de la philosophie de Descartes qui était depuis les années 1630 organisée autour des deux « souverains genres d'être » que sont pensée et étendue : au dualisme ontologique des substances, pensante et étendue, correspondait jusqu'alors une dualité gnoséologique des domaines désignés par les notions primitives (esprit, corps). À partir des années 1640 s'opère une rupture de cette symétrie, puisqu'à ce dualisme substantiel correspond désormais une « trinité » de notions primitives : l'esprit, le corps, leur union. Certains commentateurs (Cottingham, 2008, p. 173-187) ont été jusqu'à suggérer que le Descartes de la maturité n'était plus un auteur « dualiste », mais « trialiste ». Ce n'est pas, explicitement au moins, la doctrine de Descartes, qui n'a jamais été jusqu'à affirmer que l'union, ou l'être humain comme composé de corps et d'esprit, étaient des « substances ». En revanche, notamment dans les textes des années 1640 où il discute, puis polémique, avec son ancien disciple Regius qui avait décrit l'homme comme un « être par accident » (*ens per accidens*), Descartes définit l'être humain comme un « être par soi » (*ens per se : à Regius*, décembre 1641, AT III 460, Alq II 902), affirme que « l'âme est réellement et substantiellement [*realiter et substantialiter*] unie au corps » (*à Regius*, janvier 1642, AT III 493, Alq II 914) et va jusqu'à reprendre le vocabulaire scolastique qu'il avait jusque là répudié en admettant qu'on dise que l'âme constitue la « vraie forme substantielle de l'homme » (*à Regius*, janvier 1642, AT III 505 : *anima, quae est vera forma substantialis hominis*).

Cette union de l'esprit et du corps définit aussi comme une « niche ontologique » – Spinoza aurait dit « un empire dans l'empire » – dans l'univers tel que le conçoit Descartes. Dans cet univers envisagé du point de vue des substances qu'on y trouve, on rencontre en effet d'une part Dieu, qui est un pur esprit, une « chose qui pense » (*à Chanut* du 01-02-1647, AT IV 608), d'autre part des choses qui ne sont composées que de matière (les objets inanimés, mais aussi les plantes et les animaux). C'est seulement dans l'être humain que l'esprit et la matière entrent étroitement en contact, de sorte que les phénomènes qui ressortissent en propre à cette union de l'esprit et du corps, comme au premier chef la sensation et les passions, sont spécifiquement humains. En ce sens, l'humanité n'est pas préalable à l'union, mais elle est constituée par elle et la morale (si l'on entend par là la science du « vrai homme ») est le lieu où la philosophie cartésienne devient à proprement parler une anthropologie.

L'union de l'esprit et du corps telle que la conçoit Descartes tombe ici sous l'objection classiquement faite aux auteurs dualistes : on voit mal comment deux substances aussi radicalement hétérogènes peuvent agir l'une sur l'autre, que ce soit dans le sens esprit => corps, comme dans le cas d'une volonté déclenchant un mouvement, ou dans le sens corps => esprit, quand une « action » du corps aboutit dans l'âme à une sensation, ou une « passion ». Descartes a donné deux grands types d'explication à cette question du *comment* de l'union.

La première est la plus connue mais pas nécessairement la plus intéressante philosophiquement. C'est l'explication de type « physique » proposée dans les articles 31 *sq.* des *Passions de l'âme*, qui font appel à la fameuse « glande pinéale » (ce que nous appelons aujourd'hui l'épiphyse ; dans d'autres ouvrages, Descartes parle aussi de « glande H » ou de *conarium*). Descartes désigne cette glande comme le lieu où s'opère l'union de l'esprit et du corps au terme d'une argumentation qui évoque la classique question du « sens commun » : le passage de la multiplicité des informations des sens (côté corps) à l'unité de la pensée d'un objet (côté esprit) réclame qu'on trouve dans le corps un lieu unique où se réalise cette transition du multiple à l'un. Or Descartes, qui a réalisé des dissections, a remarqué que « toutes les parties du cerveau sont doubles », sauf, pense-t-il, cette petite glande, qu'il identifie donc comme le lieu où l'union s'opère. Plus techniquement, Descartes considère que cette glande est extrêmement petite et légère. Le moindre mouvement des « esprits animaux » (*spiritus*, et non *mens* : des microparticules, extrêmement fines et rapides, qui circulent dans l'organisme) qui par les nerfs arrivent dans le cerveau provoque ainsi un mouvement de la glande et, de là, une passion de l'âme. Symétriquement, la volonté est capable de faire varier la position de la glande pinéale, donc de changer le cours des esprits animaux qui passent dans le cerveau, et, par là, de modifier la position de nos membres, comme dans le cas du mouvement volontaire. Cette idée d'une action de l'immatériel sur le matériel conserve, peut-être, une certaine cohérence avec les principes de la physique de Descartes, puisqu'on peut selon elle modifier la direction d'un mobile sans dépenser de quantité de mouvement (voir PP II, art. 49). Mais cette explication « physique » de l'union a assez unanimement été jugée peu satisfaisante : ce n'est pas parce que le problème du rapport entre l'immatériel et le matériel est localisé, dans la glande, qu'il est rendu plus intelligible. Il est donc devenu courant de voir en la glande pinéale le « point obscur » du cartésianisme, de dénoncer l'échec de Descartes à fournir une solution recevable au *mind-body problem* et de pointer par conséquent les impasses de son dualisme, à la façon par exemple de Spinoza dans la *Préface* d'*Éthique* V : « je ne puis assez m'étonner de voir un philosophe, après avoir fermement décidé de ne rien déduire que de principes connus par soi et de ne rien affirmer qu'il ne perçût clairement et distinctement, et après avoir si souvent reproché aux scolastiques de vouloir expliquer les choses obscures par des qualités occultes, adopter une hypothèse plus occulte encore que toute qualité occulte ». La mise au point d'hypothèses métaphysiques souvent complexes et destinées à dépasser cette aporie prétendue du bisubstantialisme cartésien sera caractéristique de l'activité spéculative des grands penseurs postcartésiens. Ce sera ce qu'on appelle « parallélisme » chez Spinoza : corps et esprit sont les expressions d'un même être dans les deux attributs de la substance que nous connaissons, la pensée et l'étendue ; l'« harmonie préétablie » chez Leibniz : corps et âme sont indépendants, sans aucune influence réelle l'un sur l'autre, mais Dieu les programmés pour qu'ils se développent de façon parallèle, harmonieuse ; l'occasionalisme chez Malebranche : il n'y a pas d'interaction entre corps et esprit ; c'est Dieu qui, à l'occasion d'un changement – coupure, volonté – intervenant dans l'un produit un changement correspondant dans l'autre – douleur, mouvement du bras. Descartes utilisant parfois le mot « occasion » pour décrire une relation causale (voir par ex. PP II, art. 1 ; NPQ, AT VIII 359, Alq III 809), la question de son éventuel « occasionnalisme » est devenue, ces dernières années, disputée chez les commentateurs.

Mais à cette question de l'union de l'esprit et du corps, il existe une seconde réponse cartésienne, de type non plus physico-métaphysique mais, dirait-on aujourd'hui, phénoménologique ou même esthétique (si l'on considère qu'il y est question de l'*aisthesis*, la sensation). Cette voie est notamment indiquée dans l'importante *Lettre à Élisabeth* du 28 juin 1643 (AT III 690 *sq.*) où Descartes répond à la princesse qui avait, justement, fait part de sa difficulté à concevoir la façon dont peuvent interagir l'âme et le corps tels que les présentent les *Méditations*. En guise de réponse, Descartes explique que chaque fonction de l'esprit humain est, dirait-on aujourd'hui, « dédiée », c'est-à-dire opératoire pour penser un domaine de la réalité ou un aspect de notre être. Les pensées confuses et les erreurs se constituent souvent par croisement ou permutation des fonctions et des domaines, c'est-à-dire par l'application d'une fonction de l'esprit à un domaine de la réalité qu'elle ne permet pas de penser adéquatement. En l'occurrence : « l'âme ne se conçoit que par l'entendement pur [c'est-à-dire en faisant de la métaphysique] ; le corps, c'est-à-dire l'extension, les figures et les mouvements, se peuvent aussi connaître par l'entendement seul, mais beaucoup mieux par l'entendement aidé de l'imagination [c'est-à-dire en faisant de la physique] ; et enfin, les choses qui appartiennent à l'union de l'âme et du corps, ne se connaissent qu'obscurément par l'entendement seul, ni même par l'entendement aidé de l'imagination ; mais elles se connaissent très clairement par les sens. D'où vient que ceux qui ne philosophent jamais, et qui ne se servent que de leurs sens, ne doutent point que l'âme ne meuve le corps, et que le corps n'agisse sur l'âme ; mais ils considèrent l'un et l'autre comme une seule chose, c'est-à-dire, ils conçoivent leur union ; car concevoir l'union qui est entre deux choses, c'est les concevoir comme une seule. Et les pensées métaphysiques, qui exercent l'entendement pur, servent à nous rendre la notion de l'âme familière ; et l'étude des mathématiques, qui exerce principalement l'imagination en la considération des figures et des mouvements, nous accoutume à former des notions du corps bien distinctes ; et enfin, c'est en usant seulement de la vie et des conversations ordinaires, et en s'abstenant de méditer et d'étudier aux choses qui exercent l'imagination, qu'on apprend à concevoir

l'union de l'âme et du corps ». La *Lettre à Arnauld* du
29-07-1648 (AT V 222, Alq III 863-864) parle quant
à elle de l'union de l'esprit et du corps comme d'une
« chose connue par elle-même » [*res per se nota*]
« que nous obscurcissons toutes les fois que nous [la]
voulons expliquer par d'autres » et dont nous avons une
« expérience très certaine et très évidente » [*certissima
et evidentissima experientia*]. Le canal cognitif adéquat
pour penser le « vrai homme » se trouve donc dans
l'usage de la vie, l'habitation du monde, le retour à une
couche de vécu ordinaire et antérieure aux opérations
métaphysiques qui dissocient. La suite de cette lettre à
Élisabeth, et plus généralement de la correspondance avec
la princesse, montre ainsi un Descartes bien différent du
strict « métaphysicien » auquel on a parfois tendance à le
réduire : il conseille à la princesse de s'abstenir de trop
« méditer », confesse « je puis dire […] que la principale
règle que j'ai toujours observée en mes études et celle
que je crois m'avoir le plus servi pour acquérir quelque
connaissance, a été que je n'ai jamais employé que fort
peu d'heures par an [aux pensées métaphysiques] et que
j'ai donné tout le reste de mon temps au relâche des sens
et au repos de l'esprit » et rappelle enfin que « je crois
qu'il est très nécessaire d'avoir bien compris, *une fois
en sa vie*, les principes de la métaphysique, à cause que
ce sont eux qui nous donnent la connaissance de Dieu
et de notre âme, je crois aussi *qu'il serait très nuisible
d'occuper souvent son entendement à les méditer*, à
cause qu'il ne pourrait si bien vaquer aux fonctions de
l'imagination et des sens ».

La sensation

Dans ces conditions, d'où vient la réputation (erronée) faite à Descartes d'être un auteur qui « méprise le sensible » et dénie catégoriquement toute valeur à la sensation ? Sans doute d'une focalisation excessive sur le moment métaphysique où ont été hyperboliquement évoquées les raisons de douter de la fiabilité des informations des sens, ainsi que de l'insistance cartésienne sur le caractère relatif de ces dernières. Notre philosophe explique en effet qu'à la différence de ce qu'on a pris l'habitude d'appeler (après lui, qui n'utilise pas ce vocabulaire) les « qualités premières » (les idées qui exhibent l'essence « objective » de ce dont elles sont les idées), les « qualités secondes » données par les sens se constituent par un effet de *relation* entre l'objet senti et un corps humain, et varient donc suivant la conformation de ce dernier : les couleurs que chacun perçoit sont fonction de la structure de sa rétine, ce qui est tiède, ou froid, pour les uns est chaud pour les autres, etc. Mais cela posé, dans la Méditation VI, Descartes s'attache à déterminer et délimiter exactement la valeur des sensations, dans le passage qui suit immédiatement le rejet du modèle pilote/navire et qui, au nom du principe « Dieu n'est point trompeur », opère une véritable réhabilitation métaphysique de la sensation : les « diverses perceptions des sens » indiquent que « mon corps (ou plutôt moi-même tout entier, en tant que je suis composé du corps et de l'âme) peut recevoir diverses commodités ou incommodités des autres corps qui l'environnent » (AT IX, 64-65). Si les données véhiculées par les sens ne possèdent pas de valeur cognitive, « épistémique », elles ont donc une portée pratique, existentielle : elles indiquent si un objet est nocif ou bénéfique pour moi et plus généralement, comment disposer mon corps dans le monde et comment agir dans l'ordre de la conservation de la vie. En d'autres termes, dans la plupart des objets que nous percevons, il faut distinguer deux strates ou couches d'informations. Les idées (de l'entendement), les « qualités premières », font connaître la nature des choses : elles répondent à la question « qu'est-ce que c'est ? ». Les données des sens indiquent quant à elles le rapport de convenance ou de disconvenance de mon corps aux objets du monde : elles répondent à la question « qu'est-ce que tel objet me fait ? », « est-il nocif ou bénéfique pour moi ? », le « moi » désignant ici le « vrai homme ». Comme souvent chez Descartes, l'erreur se constitue lorsqu'on croise par mégarde, ou précipitation, les domaines du réel et les fonctions de l'esprit. On peut ainsi, à la manière des philosophes anciens tels que se les représente Descartes, bâtir une physique sur la base d'informations sensibles. On se trompera alors en « objectivant » les informations des sens : par exemple en affirmant que le feu près de moi *est* chaud parce qu'il me brûle, alors que cette douleur signifie, dans l'ordre de la pratique, que je suis à une distance du feu telle que mon corps est mis en danger ; ou encore en estimant que l'espace devant moi *est* vide parce que je n'y sens rien, alors que cette sensation de vide signifie que je peux sans risque vital déplacer mon corps dans cet espace. Mais vouloir vivre et s'orienter dans le monde en s'appuyant sur les représentations que la science en donne constituerait une erreur symétrique, tout comme c'est une erreur de confondre la notion « morale » que nous avons « de la force dont l'âme agit dans le corps » avec la notion « physique » de la force par laquelle « un corps agit dans un autre » (à *Élisabeth* du 21 mai 1643, AT III 667-668; voir aussi VIes Rép., AT IX 240-241). Si Descartes « critique » le sensible, c'est donc au sens kantien du verbe : il le remet à sa juste place, en précise les indéniables limites. Mais en aucun cas il ne tient les données des sens pour nulles, inutiles ou non avenues. Il leur reconnaît au contraire un domaine de validité, et non des moindres, où elles, et elles seules, sont pertinentes : la vie réelle, concrète, non pas celle de l'homme mis à l'écart du monde le temps d'une parenthèse métaphysico-méditative et abstraitement réduit alors à un pur esprit, mais celle du « vrai homme » appelé à exister et évoluer dans la vraie vie, celle où l'on mange, boit, se déplace, souffre et prend du plaisir. Les *Méditations* cartésiennes, inaugurées par le soupçon porté sur le sensible en général, s'achèvent ainsi en une célébration du rôle irremplaçable et décisif de la sensation.

Certains dysfonctionnements de l'appareil sensoriel semblent cependant contredire cette thèse générale sur la valeur du sensible : l'hydropique a toujours envie de boire alors que c'est nocif pour lui, l'amputé sent parfois de la douleur dans son membre-fantôme, etc. Dans une sorte de « théodicée du sensible », la fin de la Méditation VI indique comment intégrer ces cas particuliers à l'explication générale de la fonction des sens proposée par Descartes.

Les passions et la générosité

Dernier ouvrage publié par Descartes, en 1649, les *Passions de l'âme*, prend donc pour objet le « vrai homme », union très étroite d'un esprit et d'un corps. Dans le mot « passion », il faut entendre le latin *patior* :

subir, être passif. Une passion de l'âme est en effet le résultat d'une action du corps, qui elle-même peut résulter d'un retentissement du monde extérieur sur le composé du « vrai homme ». Les *Passions de l'âme* s'installent donc sur le terrain du *psycho-somatique* et tissent pour ce faire des considérations de trois ordres, correspondant aux trois groupes de « notions primitives » : des considérations « médicales » ou physiologiques, sur les processus corporels (circulation du sang, des esprits animaux, etc.) qui sont associés à telle ou telle passion et lui donnent un fondement organique – par où l'ouvrage connaîtra, à l'instar du *Traité de l'Homme*, une postérité matérialiste, comme celle de Julien Offray de la Mettrie, auteur de *L'Homme-machine* (1747) ; des considérations « métaphysiques » sur les événements mentaux qui correspondent dans l'âme à ces processus corporels ; et, ce qui spécifie l'ouvrage, des considérations pour ainsi dire « unioniques » sur la façon dont tout cela est vécu par le « vrai homme ». Un aperçu de la méthode suivie dans les *Passions de l'âme* et des principales passions dénombrées par l'ouvrage sera donné plus bas (p. 169 *sq.*).

« La philosophie que j'étudie ne m'enseigne point à rejeter l'usage des passions » (*à Chanut* (?) du 31-03-1649, AT V 332) : le projet cartésien n'est donc en aucun cas d'annihiler les passions (c'est-à-dire de parvenir, au sens étymologique, à l'a-pathie), ni de les condamner. Dans le droit fil de la métaphysique confiante établie sous l'égide du « Dieu non trompeur », Descartes considère au contraire que les passions « sont toutes bonnes dans leur nature » (PA, art. 211 ; *à Chanut* du 01-11-1646 introduit une nuance : elles sont « *presque* toutes bonnes et [...] utiles à cette vie », AT IV 538). Il s'agit donc d'apprendre, négativement, à « éviter leurs mauvais usages ou leurs excès » (PA, art. 211) en se donnant les moyens de les contrôler et de les réguler ; et, positivement, de parvenir à « s'en rendre maître et les ménager avec adresse » de sorte à toujours en « tirer de la joie » (PA, art. 212). L'affectivité ainsi sagement régulée n'est donc pas tenue pour un facteur de désorganisation mentale ou de perturbation éthique, mais comme une dimension essentielle, et positive, de l'existence humaine : « L'âme peut avoir ses plaisirs à part. Mais pour ceux qui lui sont communs avec le corps, ils dépendent entièrement des passions : en sorte que les hommes qu'elles peuvent le plus émouvoir sont capables de goûter le plus de douceur en cette vie » (*loc. cit.*). Ou encore : « La philosophie que je cultive n'est pas si barbare ni si farouche qu'elle rejette l'usage des passions ; au contraire, c'est en lui seul que je mets toute la douceur et la félicité de cette vie » (*à Newcastle/Silhon*, mars-avril 1648, AT V 135). Loin de préconiser un rejet, ou un affaiblissement, du corps et de ses retentissements en nous, la philosophie cartésienne prône donc une assomption décidée autant que joyeuse de notre condition incarnée.

Il est bien connu que la passion de « générosité » (PA, art. 153 *sq.*) constitue le sommet de l'éthique cartésienne. La notion est toutefois potentiellement source de malentendus ou d'anachronismes, dans la mesure où elle n'avait pas seulement au XVIIe siècle le sens actuel de « inclination à donner plus qu'on est obligé de le faire ». À l'entrée « générosité », le *Dictionnaire* d'Antoine Furetière (1690) explique ainsi que le terme signifie « grandeur d'âme, de courage, magnanimité, bravoure, libéralité ». En un sens, la générosité est donc une notion voisine de celle, classique en philosophie morale aristotélicienne, de « magnanimité » (PA art. 161 rapproche d'ailleurs les deux termes).

Le concept de générosité apparaît dans le cadre d'une distinction, classique, entre ce qui dépend de nous et ce qui n'en dépend pas, ainsi qu'au fil d'une réflexion sur la juste estime de soi : il s'agit de déterminer ce qui fait qu'on se peut « légitimement estimer » (PA, art. 153) en évitant, donc, les deux mésestimes symétriques que sont l'orgueil (art. 157) et « l'humilité vicieuse » (art. 159), pour adopter le point de vue exact sur soi-même que constitue « l'humilité vertueuse » (art. 155). Descartes en conclut que « la vraie générosité, qui fait qu'un homme s'estime au plus haut point qu'il se peut légitimement estimer, consiste seulement partie en ce qu'il connaît qu'il n'y a rien qui véritablement lui appartienne que cette libre disposition de ses volontés, ni pourquoi il doive être loué ou blâmé sinon pour ce qu'il en use bien ou mal, et partie en ce qu'il sent en soi-même une ferme et constante résolution d'en bien user, c'est-à-dire de ne manquer jamais de volonté pour entreprendre et exécuter toutes les choses qu'il jugera être les meilleures. Ce qui est suivre parfaitement la vertu » (art. 153), la générosité ainsi entendue représentant « comme la clé de toutes les autres vertus et un remède général contre tous les dérèglements des passions » (art. 161). Constituée des passions d'estime, d'admiration, de joie intérieure et d'amour, la générosité consiste dans le meilleur usage que nous puissions faire de notre libre arbitre et dans la conscience que nous avons d'en bien user. On (Grimaldi 1988, p. 145-177) a donc pu, d'une expression à la fois suggestive et discutable (Kambouchner 2015, p. 197-206), définir la générosité cartésienne comme la « passion de la liberté » : elle est à la fois d'une part la recherche de la liberté en son meilleur régime, c'est-à-dire le plus grand soin possible mis à la détermination du meilleur parti à prendre, puis à son exécution ; et d'autre part le sentiment, c'est-à-dire la *passion*, ici déterminée comme « satisfaction intérieure » (PA, art. 204) qui accompagne la conscience que nous avons d'user au mieux de cette liberté. On pourrait dire, de façon plus ramassée, qu'être généreux consiste à être, et se sentir, *bien libre en voulant le bien*. Même si Descartes affirme que la « bonne naissance » (ce qui au XVII e siècle signifie aussi la bonne éducation reçue dans les premières années) contribue pour beaucoup à la possession de la générosité, il admet que cette dernière « peut être acquise » (art. 161). De plus, le généreux reconnaît non seulement *sa* liberté mais aussi « la liberté » en général, celle que possèdent tous les hommes et qui les rend égaux. Par là s'esquisse l'idée d'une communauté des généreux. Elle montre que ce n'est pas parce qu'une philosophie repose sur le *cogito* qu'elle est réduite au solipsisme et laisse entrevoir les principes d'une politique que Descartes n'a pas explicitement rédigée, mais que certains commentateurs ont tenté de développer (Guenancia 1983, Kambouchner 2015-2) et qu'on devine par exemple dans cette *Lettre à Élisabeth* du 15-09-1645 (AT IV 292-293) :

> Après qu'on a ainsi reconnu la bonté de Dieu, l'immortalité de nos âmes et la grandeur de l'univers, il y a encore une vérité dont la connaissance me semble fort utile : qui est que, bien que chacun de nous soit une personne séparée des autres, et dont, par conséquent, les

intérêts sont en quelque façon distincts de ceux du reste du monde, on doit toutefois penser qu'on ne saurait subsister seul, et qu'on est, en effet, l'une des parties de l'univers, et plus particulièrement encore l'une des parties de cette terre, l'une des parties de cet État, de cette société, de cette famille, à laquelle on est joint par sa demeure, par son serment, par sa naissance. Et il faut toujours préférer les intérêts du tout, dont on est partie, à ceux de sa personne en particulier ; toutefois avec mesure et discrétion. [...] Si on rapportait tout à soi-même, on ne craindrait pas de nuire beaucoup aux autres hommes, lorsqu'on croirait en retirer quelque petite commodité, et on n'aurait aucune vraie amitié, ni aucune fidélité, ni généralement aucune vertu ; au lieu qu'en se considérant comme une partie du public, on prend plaisir à faire du bien à tout le monde, et même on ne craint pas d'exposer sa vie pour le service d'autrui, lorsque l'occasion s'en présente ; voire on voudrait perdre son âme, s'il se pouvait, pour sauver les autres.

Il est frappant de retrouver dans cette définition cartésienne de la générosité le thème de la « ferme et constante résolution » caractéristique de la morale par provision. Mais il ne s'agit plus du même type de résolution, puisqu'on a affaire à deux régimes de liberté bien distincts, c'est-à-dire qu'un long et beau chemin philosophique – celui de l'arbre de la philosophie – a été parcouru, qui a fait passer du voyageur égaré de la partie III du *Discours* au généreux des *Passions* : le premier, dans la nuit du doute, choisissant sa direction plus ou moins à l'aveuglette, usait d'une liberté d'indifférence, ou mal éclairée ; le second met en œuvre une liberté efficacement éclairée, par les résultats assurés de la philosophie cartésienne sur la nature de l'esprit, du corps et sur leur union, sur l'existence de Dieu, l'organisation du monde, etc. Le généreux ne sait pas pour autant toujours et automatiquement ce qu'il doit faire, comme si l'on pouvait, au moyen de déductions pratiques, tirer mécaniquement des règles de morale à partir des principes de la philosophie cartésienne. Descartes l'a redit : la vie réelle du « vrai homme » est trop complexe, mouvante, faite d'occurrences et de rencontres multiples pour qu'on envisage de parvenir à « autant de certitude dans les choses qui regardent la conduite de la vie qu'il en est requis pour acquérir la science » (*à l'Hyperaspistes* d'août 1641, AT III 422, Alq II 359), de sorte que « bien que nous ne puissions avoir des démonstrations certaines de tout, nous devons néanmoins prendre parti » (*à Élisabeth*, 15-09-1645, AT IV 295). De là vient sans doute la déception, ou la mécompréhension, de ceux qui escomptaient une « plus haute et parfaite morale » aussi certaine et générale qu'un traité de physique, c'est-à-dire, en un autre lexique, qui souhaitaient une « certitude absolue » (comme celle qui s'obtient en métaphysique, en mathématique, etc.) là où ne peut régner qu'une « certitude morale », « c'est-à-dire suffisante pour régler nos mœurs » (PP IV, art. 205-206). Reste que le généreux est celui qui, en ces conditions, agit au mieux et fait donc preuve de la plus parfaite vertu envisageable. En des pages impressionnantes, Descartes, qui a toujours insisté sur le « contentement » que procurait la pratique de la philosophie (voir Gouhier, 1937, V, § 3) explique ainsi que cette dernière, sous sa forme achevée et « généreuse » qui peut sans doute s'identifier au cinquième et dernier des degrés de la sagesse distingués dans la *Lettre-Préface* des *Principes*

(AT IX 5), engendre un « parfait contentement d'esprit et une satisfaction intérieure », une « béatitude naturelle » (*à Élisabeth* du 04-08-1645, AT IV 264 et 267) qui « dépend entièrement de notre libre arbitre » (*à Élisabeth* du 01-09-1645, AT IV 281), la « perfection de vie » et la « félicité » (LPPP, AT IX 20). Décidément, « il n'y a pas d'étude plus honnête, plus digne de l'homme [que la philosophie], il n'y en a pas qui puisse être plus utile en cette vie » (*à Voet*, AT VIII 26).

LES ŒUVRES PRINCIPALES

Si par « discours » on entend « traité quelque peu développé », les *Regulae* constituent le véritable « discours sur la méthode » de Descartes.

Le texte, rédigé en latin, n'a été publié, posthume, qu'en 1701 et d'après une copie du manuscrit, aujourd'hui perdu – mais une traduction flamande était parue en 1684, et le manuscrit du texte avait circulé dans les milieux cartésiens lors de la seconde moitié du XVII ᵉ siècle, comme en témoignent par exemple les citations données dans la *Logique* dite de Port-Royal. Il s'agit, très probablement, du premier grand texte de Descartes qui nous soit parvenu, mais on n'a pas de certitude sur les dates et les circonstances de sa rédaction.

Diverses hypothèses – depuis 1619 jusqu'à 1628-1629 – ont été formulées sur la date d'écriture de l'ouvrage. Il est possible aussi qu'il comporte différentes « strates » de rédaction (voir Weber 1964 et Schuster 1980) mais il est difficile de les déterminer avec précision. Le texte est inachevé. On estime souvent que la *Lettre à Mersenne* du 15-04-1630 (AT I 137-138) donne la raison de cet achèvement : « Que si vous trouvez étrange de ce que j'avais commencé quelques autres traités [dont les

Regulae ?] étant à Paris, lesquels je n'ai pas continués, je vous en dirai la raison : c'est que pendant que j'y travaillais, j'acquérais un peu plus de connaissance que je n'en avais eu en commençant, selon laquelle me voulant accommoder, j'étais contraint de faire un nouveau projet, un peu plus grand que le premier, ainsi que si quelqu'un ayant commencé un bâtiment pour sa demeure, acquérait cependant des richesses qu'il n'aurait pas espérées et changeait de condition, en sorte que son bâtiment commencé fût trop petit pour lui, on ne le blâmerait pas si on lui en voyait recommencer un autre plus convenable à sa fortune. Mais ce qui m'assure que je ne changerai plus de dessein, c'est que celui que j'ai maintenant est tel que, quoi que j'apprenne de nouveau, il m'y pourra servir, et encore que je n'apprenne rien plus, je ne laisserai pas d'en venir à bout ». Cette métaphore architecturale signifierait qu'en rédigeant les *Regulae*, Descartes aurait aperçu dans leur dessein même, la constitution d'une méthode, une insuffisance telle qu'il fallut reprendre à nouveaux frais son projet philosophique : les *Regulae* exhibent en effet la méthode, mais sans l'assurer pleinement, dans la mesure où, à la différence des exposés cartésiens de la métaphysique (éventuel *Traité de métaphysique* de 1628-1629, puis *Méditations*), elles ne fournissent pas la garantie métaphysique, par le Dieu « non trompeur », et extérieure à la méthode des résultats de cette dernière. Si l'on suit cette hypothèse, Descartes a donc considéré vers 1628 que les *Regulae* n'étaient pas philosophiquement auto-suffisantes – ce qui expliquerait l'interruption de leur rédaction – et qu'il fallait leur procurer un « fondement » métaphysique. Mais cela signifie aussi que les contenus des *Regulae* peuvent être comme récupérés une fois ce fondement assuré – et c'est bien ce qui se passe, dans les grandes lignes au moins, dans les œuvres ultérieures de Descartes, notamment avec la « méthode » du *Discours de la méthode*.

Quant aux contenus, les *Regulae* exposent donc, de façon technique et détaillée, la plupart des grands thèmes de la méthode cartésienne : ordre, intuition et déduction, unité et limites du savoir humain, facultés de l'esprit à l'œuvre dans la connaissance, natures simples, *mathesis universalis* – ce dernier thème n'apparaissant d'ailleurs de façon explicite nulle part ailleurs que dans les *Regulae* –, etc. Il est notable qu'elles constituent le seul texte où Descartes associe développements mathématiques *et* considérations philosophiques, que les autres œuvres dissocient. Le plan prévu pour le texte peut être reconstitué à partir de trois passages : Règle VIII, AT X 399, Alq I 122 ; Règle XII, AT X 428-430, Alq I 156-158 ; Règle XIII, AT X 432, Alq I, 160-161. L'ouvrage se présente comme une théorie des modes de résolution des différents problèmes qu'on peut rencontrer et il devait comporter trois parties de douze règles chacune. Les Règles I à XII auraient concerné les « propositions simples » et la méthode en général, dans ses opérations fondamentales que sont l'intuition et la déduction. Les Règles XIII à XXIV auraient traité des « questions parfaitement comprises », c'est-à-dire, semble-t-il, les questions où il est possible de déterminer ce qu'on ignore en fonction des données dont on dispose, sur le modèle de la détermination de l'inconnue dans une équation mathématique. Les Règles XXV à XXXVI auraient dû porter quant à elles sur les « questions imparfaitement comprises », c'est-à-dire « sur les problèmes non susceptibles d'être mis en équation, parce qu'il est impossible d'y déterminer un nombre fini de données relevantes. En pratique, ce domaine est celui des sciences expérimentales, où l'esprit rencontre des termes composés qui lui sont livrés comme tels par l'expérience, et donc sans qu'il puisse connaître à l'avance les éléments qui les composent » (Alq I 156, note 2). De ces trente-six Règles projetées, nous n'avons que les vingt et une premières (et seulement le titre pour les Règles XIX, XX et XXI).

On prendra garde enfin à ce que l'hypothèse qui fait des *Regulae* un « texte de jeunesse » abandonné avant 1630 conduit à les lire suivant ce que leur traducteur Jacques Brunschwig appelait un « préjugé évolutionniste ». À la lecture du texte, il peut ainsi arriver qu'on tombe sur un point de doctrine peu clair, ou différent de ce qu'affirment les grandes œuvres des années 1640 : la Règle XII (AT X 420, Alq I 146) explique par exemple que c'est l'entendement qui juge, alors que les Méditations III et IV soutiendront que c'est la volonté. Dans ce cas, la tentation est grande d'affirmer « c'est normal, il s'agit du jeune Descartes, et sa doctrine est encore hésitante, pas au point ». Cette façon d'évaluer, et souvent de dévaluer comme désordonnée, inaboutie, la doctrine des *Regulae* à partir de ce qu'on sait de la philosophie cartésienne de la maturité peut conduire à méconnaître ce qui fait la saveur et l'intérêt théoriques propres de ce texte. En outre, d'un point de vue historique, s'il est assuré qu'on retrouva le manuscrit inachevé des *Regulae* dans les « papiers » de Descartes après son décès, on ne peut être certain qu'il n'a pas retravaillé ce texte entre la fin des années 1620 et sa mort.

Une version inédite du texte a été récemment découverte dans une bibliothèque de Cambridge. A l'heure où ce livre est imprimé, elle n'a pas encore été publiée.

Pour une présentation générale des *Regulae*, voir Rabouin 2015. Pour un commentaire plus interprétatif, Marion 1975.

LE MONDE ET *L'HOMME*

De 1629 à 1633, la correspondance de Descartes permet de suivre la genèse de ces deux textes rédigés en français. Ils étaient semble-t-il conçus comme les deux parties d'un unique ouvrage, *L'Homme* constituant le dix-huitième et dernier chapitre du *Monde*. On ignore en revanche si Descartes considérait que cet ouvrage était achevé en l'état où il nous est parvenu. Les circonstances (la seconde condamnation de Galilée) qui, en 1633, conduisirent Descartes à renoncer à le publier ont été présentées plus haut (p. 22-23). Malgré ce renoncement, une notable partie du contenu des deux textes fut reprise dans les ouvrages de physique et de médecine ultérieurement rédigés, notamment dans les parties V et VI du *Discours de la méthode* ainsi que dans deux des Essais (*Les Météores*, *La Dioptrique*) qui l'accompagnaient, puis, pour ce qui concerne la physique, dans les parties II, III et IV des *Principes de la philosophie*. Une traduction latine de *L'Homme* parut en 1662, et les deux ouvrages furent finalement publiés en français en 1664. Une de leurs particularités est d'être illustrés de nombreuses « figures ».

Les deux textes montrent un Descartes très informé des découvertes et activités scientifiques de son temps. Dans *Le Monde*, texte de physique, plusieurs chapitres (11, 12, 15) font ainsi allusion au thème copernico-galiléen du mouvement de la terre ; le début du chap. 6 envisage l'infinité du monde, c'est-à-dire ce que la philosophie de la maturité nommera son caractère « indéfini » ; la fin du chapitre 10 évoque les observations astronomiques réalisées par Galilée sur les satellites de Jupiter et les anneaux de Saturne ; le chap. 15 parle des étoiles que « les astronomes appellent nubileuses » (les nébuleuses), etc. *L'Homme*, texte de « médecine » qui propose une explication mécaniste du fonctionnement du corps humain, tient compte quant à lui des recherches médicales conduites, notamment dans le domaine de l'anatomie, par André Vesale (1514-1564) et Gaspard Bauhin (1560-1624) et prend acte de la découverte alors toute récente de la circulation sanguine ; on y retrouve en outre les résultats des travaux de dissection conduits par Descartes depuis son installation aux Provinces-Unies.

Les premiers chapitres du *Monde* peuvent se lire comme une attaque en règle, et sans réel équivalent dans le reste du corpus cartésien, contre les concepts centraux de la physique scolastique d'inspiration aristotélicienne : « qualités », lieux naturels, formes substantielles, etc. Les chapitres 5 et 6 sont les plus célèbres de l'ouvrage, en raison de la « fable » qu'ils proposent sur la création et l'organisation de notre monde visible (voir *supra*, p. 118-119) décrit par la suite du texte. Les principaux sujets abordés sont : le statut des sensations (chap. 1), la chaleur, la dureté et la liquidité (chap. 2 et 3), l'inexistence du vide (chap. 4), les éléments (Descartes considère qu'il y en a trois : air, terre, feu, chap. 5), les lois de la nature (chap. 7), les planètes, les comètes, la terre et la lune (chap. 9 et 10), la pesanteur (chap. 11), les marées (chap. 12), la lumière (chap. 13 et 14), le ciel (chap. 15). Les chapitres 16 et 17, qui auraient sans doute fait le lien avec le chapitre 18 constitué par *L'Homme*, sont manquants.

L'Homme devait quant à lui « décrire premièrement le corps à part, puis après l'âme aussi à part ; et enfin [montrer] comment ces deux natures doivent être jointes et unies pour composer des hommes qui nous ressemblent » (AT XI 119-120), mais le texte tel qu'il nous est parvenu ne réalise que la première partie de ce programme. Les lignes qui ouvrent et ferment le texte assument clairement les principes d'une physiologie mécaniste : rappelant que « nous voyons des horloges, des fontaines artificielles, des moulins et autres semblables machines qui n'étant faites que par des hommes, ne laissent pas d'avoir la force de se mouvoir d'elles- mêmes en plusieurs diverses façons » (AT XI, 120) l'ouvrage propose d'envisager le corps humain comme une « machine » où Dieu « met au dedans toutes les pièces qui sont requises pour qu'elle marche, qu'elle mange, qu'elle respire », etc. (*loc. cit.* ; voir aussi, sur le corps « automate » dépourvu de toute « âme végétative ou sensitive » les dernières lignes du texte, AT XI, 201-202). La suite propose moins une description des organes qu'une étude, ambitieuse, de leur fonctionnement. Sont ainsi successivement et notamment envisagés la digestion, la circulation sanguine, la circula-tion des « esprits animaux » dans les nerfs et les muscles, le rôle de la glande pinéale, les fondements somatiques des cinq sens et de quelques-uns de ces phénomènes qui sont déjà nommés « passions » (AT XI 193), la structure du cerveau, la respiration, la mémoire, la veille et le sommeil,

La question reste ouverte de savoir dans quelle mesure les résultats du *Monde* et de *L'Homme* reposent sur les « fondements » d'une métaphysique dont on ignore si et comment elle était déjà, au début des années 1630, constituée par Descartes.

Une édition conjointe des deux textes, abondamment introduite, annotée et illustrée, a été procurée par A. Bitbol-Hespériès et J.-P. Verdet (Paris, Seuil, 1996).

LE *DISCOURS DE LA MÉTHODE* ET LES *ESSAIS*

Contrairement à une réputation tenace, le *Discours de la méthode*, paru en 1637, n'est pas le premier texte de philosophie publié en langue française : c'était déjà par exemple le cas de la *Sagesse* de Pierre Charron (1601) ou de l'ensemble de la *Philosophie* de Scipion Dupleix (de 1600 à 1610). S'il est vrai qu'à une époque où la langue des doctes est le latin, le choix d'écrire en langue vulgaire n'est pas indifférent, on se gardera de parler, anachroniquement, d'une intention « démocratique » de Descartes ou de voir dans le *Discours* un livre destiné au peuple, à la masse : au XVII e siècle, le « peuple » n'a jamais été à l'école et ne sait pas lire. Le public nouveau visé par Descartes est plutôt celui des « honnêtes hommes », des bourgeois et des femmes aisées, puisque ces dernières n'avaient alors pas accès à l'instruction latine (voir *au P. Vatier* du 22-02-1638, AT I 560 : « ...un livre [le *Discours*] où j'ai voulu que les femmes mêmes pussent entendre quelque chose »). Quand Molière, quelques années plus tard, fera son métier d'auteur satirique en se moquant des « femmes savantes », il prendra aussi à sa manière acte du succès de cette entreprise cartésienne en rédigeant la tirade bougonne de Chrysale sur ces femmes qui se consacrent désormais à la philosophie (acte II, scène 7) et en faisant parler ses héroïnes avec les mots de Descartes (acte III, scène 2).

Le titre complet du *Discours*, paru en 1637 sans nom d'auteur mais sans que Descartes ait caché en être le père, promet beaucoup : *Discours de la méthode pour bien conduire sa raison et chercher la vérité dans les sciences, plus la Dioptrique, les Météores et la Géométrie qui sont des Essais de cette Méthode*. Un autre titre un moment envisagé par Descartes était lui aussi fort engageant : « Le projet d'une science universelle qui puisse élever notre nature à son plus haut degré de perfection. Plus la Dioptrique, les Météores et la Géométrie, où les plus curieuses matières que l'Auteur ait pu choisir pour rendre preuve de la science universelle qu'il propose sont expliquées en telle sorte que ceux mêmes qui n'ont point étudié les peuvent entendre » (*à Mersenne* de mars 1636, AT I 339). Dans tous les cas, ces textes attestent que nous, modernes, ne respectons le plus souvent pas le projet de Descartes quand nous appelons *Discours de la méthode*, et lisons à part, les seules six « parties » de nos éditions classiques. Pour Descartes, le volume intitulé *Discours* était, indissociablement, composé des six parties *et* des trois *Essais*. Ces derniers servent à montrer non seulement des résultats de la mise en œuvre de la méthode, mais aussi cette méthode en acte, ainsi que l'expliquent une *Lettre à Mersenne* de mars 1637 (AT I 349) et une *Lettre à X* d'avril ou mai 1637 (AT I 370) qui ont déjà été citées plus haut (p. 47). Il reste que, du point de vue philosophique contemporain, la décision éditoriale ou intellectuelle de séparer les six parties du *Discours* des trois « Essais de la méthode » peut se justifier : « Si l'ouvrage de 1637 a gardé une certaine efficace, ce n'est pas d'abord par les trois *Essais* de la méthode, qui certes mettent bien si l'on veut la méthode à l'épreuve, mais en l'appliquant et non pas en l'interrogeant. Sauf pour quelques spécialistes, ces trois traités scientifiques ont perdu leur saveur originale. Ils ont été assimilés. Ce qui était faux [...] dort au cimetière des erreurs dépassées. Ce qui était vrai est intégré, comme bien connu. [...] Dans le *Discours*, il y a autre chose : ce que Descartes appelle les fondements » (Beyssade 1987, p. 341).

Dans les six parties du *Discours*, on peut distinguer deux principales sortes de textes, distincts quoique mêlés. Les premiers ressortissent au genre de l'autobiographie intellectuelle et le *Discours* figure ainsi, aux côtés des *Confessions* de saint Augustin, des *Essais* de Montaigne et des *Confessions* de Rousseau, parmi les moments importants du développement du genre littéraire de « l'*ego* histoire » : Descartes propose, notamment dans les deux premières parties, « l'histoire de son esprit » (on sait qu'il projetait, dès 1628, la rédaction d'un ouvrage portant ce titre ; voir AT I 570), depuis ses années de formation à La Flèche jusqu'au moment où il écrit le *Discours*. On ne considérera pas pour autant sans précautions le *Discours* comme une autobiographie scrupuleuse et tendant – si tant est que ce soit possible – à une forme d'exhaustivité dans sa narration de la vie de Descartes. En effet, « cet écrit [n'est proposé] que comme une histoire, ou si vous l'aimez mieux que comme une fable » (DM I, AT VI 4) c'est-à-dire un récit fictif, ou en partie fictif, dont le but n'est pas de décrire la réalité, mais de proposer un enseignement, une « morale ». On doit de plus ne pas oublier que « même les histoires les plus fidèles, si elles ne changent ni n'augmentent la valeur des choses pour les rendre plus dignes d'être lues, au moins en omettent-elles presque toujours les plus basses et moins illustres circonstances, d'où vient que le reste ne paraît pas tel qu'il est » (DM I, AT VI 7) : le *Discours* ne prétend donc pas décrire intégralement la vie de René Descartes entre sa naissance et 1637, mais présenter une collection d'événements et d'épisodes significatifs, en une sorte de reconstruction sélective qui tient tout à la fois de la mise en scène romancée de soi, de la confession, du manifeste, de l'appel au jugement de la postérité. Il reste que, dans le corpus cartésien, c'est le seul texte à tonalité aussi explicitement biographique, ce qui lui confère un intérêt tout particulier.

Le second type de textes du *Discours* ressortit au genre « présentation synthétique de thèses philosophiques ». Premier ouvrage publié par Descartes, le *Discours* apparaît en ce sens comme une sorte de ballon d'essai, ou, si l'on veut, de prospectus destiné à annoncer et rendre désirable l'œuvre philosophique alors à venir. Comme dans un prospectus, et comme souvent aussi les philosophes dans leur premier grand livre, Descartes dit tout, et de façon presque haletante, comme s'il y avait urgence à enfin « faire voir » (l'expression scande le texte : AT VI 3, 4, 40, 43) les résultats auxquels il est parvenu : les thèmes et les propositions se succèdent à vive allure, et on retrouve ainsi dans le *Discours* les thèses essentielles du cartésianisme. Mais les détails, les nuances, les explications même, sont souvent remis à plus tard. Il ne faut donc pas perdre de vue que les parties théoriques du *Discours* sont avant tout des résumés, c'est-à-dire des présentations condensées, voire sommaires, de thèses exposées de façon beaucoup plus développée dans d'autres œuvres de Descartes. Le lecteur désireux d'étudier sa philosophie devra ainsi prendre garde à ne pas chercher dans le *Discours* plus ou autre chose que ce qu'il peut y trouver : il s'agit d'un texte commode pour prendre contact avec les principales thèses de cette philosophie (au moins dans l'état où elle se trouvait en 1637) : mais cet ouvrage ne permet en aucun cas d'approfondir ces thèses et de comprendre tout ce qui les justifie. Du point de vue du contenu et des thèses abrégées, la répartition est, en gros, la suivante : la partie II, sur la méthode, abrège les *Règles pour la direction de l'esprit* ; la partie IV, sur la métaphysique, abrège ce que développeront les *Méditations* et la partie I des *Principes* ; la partie V les thèses de physique et de biologie du *Monde* et de *L'Homme*, que présenteront partiellement les parties II, III et IV des *Principes*. En revanche, la partie III est doctrinalement originale puisqu'elle propose le principal exposé cartésien de la « morale par provision ». La partie VI est quant à elle plus programmatique : elle expose les espoirs d'aménagement technique du monde rendus possibles par la science cartésienne ; elle insiste sur toutes les expériences et recherches qui restent encore à réaliser et appelle en ce sens à une mobilisation de la communauté intellectuelle et scientifique – ce qui conduit derechef à réviser l'image d'un Descartes en penseur solitaire ou solipsiste (*cf.* DM VI, AT VI 63 : …[il est à souhaiter que] joignant les vies et les travaux de plusieurs, nous allassions tous ensemble beaucoup plus loin que chacun en particulier ne saurait faire ») ; elle annonce enfin le remplacement prochain de la philosophie scolastique par le cartésianisme.

Quant aux *Essais* qui « donnent des preuves » de la « méthode générale » de Descartes (*à Mersenne* d'avril ou mai 1637, AT I 370) :

1) *La Dioptrique* envisage des questions d'optique traitées de façon géométrique. Le Discours I porte sur

la lumière, dont Descartes suggère la nature au moyen d'une série de comparaisons (avec du vin dans une cuve, avec un bâton). Le Discours II porte sur la réflexion et la réfraction. Descartes y compare le rayon lumineux à une balle animée d'un mouvement rectiligne uniforme et y formule (mais sans utiliser explicitement les sinus) les loi dites de Snell-Descartes – du nom du mathématicien et physicien Willebrord Snell qui était parvenu quelques années plus tôt aux mêmes résultats. Les Discours III, V, VI et VII abordent la structure de l'œil et la vision. Le Discours IV porte sur « les sens en général ». On y trouve une critique de l'idée que l'objet senti doit ressembler à ce qu'on en sent, notamment dans un célèbre passage sur les « tailles-douces » (les gravures : AT VI 112-114). Les Discours suivants portent généralement sur « les moyens de perfectionner la vision » (titre du Discours VII) : les lentilles et leur taille, les lunettes astronomiques, etc.

2) *Les Météores* traitent, au même titre que les *Météorologiques* d'Aristote, de ce qu'on appellerait aujourd'hui les phénomènes atmosphériques *lato sensu*. Le texte commence (AT VI 231) par un appel à dépasser « l'admiration » pour « trouver les causes » de ces phénomènes. Sont ensuite successivement et notamment examinés la vapeur, la salinité de la mer, le vent, les nuages, la neige, la pluie, la grêle, la foudre, l'arc-en-ciel, Descartes considérant que l'explication qu'il a donnée de ce dernier phénomène est un « échantillon » spécialement remarquable des fruits de sa méthode (AT VI 325 ; *à Vatier* du 22-02-1638, AT I 559-560). Le dernier Discours porte sur le parhélie, c'est-dire ce phénomène optique qui fait voir simultanément plusieurs

soleils. Observé à Rome en 1629, il avait alors passionné l'Europe savante (voir Baillet, *Vie*, III, chap. 4)

3) Les innovations mathématiques les plus notables de la *Géométrie* ont été présentées plus haut, dans la section consacrée à Descartes mathématicien. Sur ce dernier « essai de la méthode », voir Jullien, 1996.

Pour un commentaire détaillé du *Discours*, voir Gilson 1925 et les deux ouvrages collectifs Grimaldi et Marion 1987, Méchoulan 1988.

LES *MÉDITATIONS*, LES *OBJECTIONS* ET LES *RÉPONSES*

Les *Méditations* sont parues en latin en août 1641 sous le titre *Meditationes de prima philosophia in qua Dei existentia et animae immortalitas demonstrantur*, *Méditations de philosophie première où sont démontrées l'existence de Dieu et l'immortalité de l'âme*. En 1642 parut une seconde édition au titre modifié *Meditationes de prima philosophia in qua Dei existentia et animae humanae a corpore distinctio demonstrantur*, *Méditations de philosophie première où sont démontrées l'existence de Dieu et la distinction de l'âme humaine et du corps* (sur le sens de ce changement de titre, voir *supra* p. 122). Le titre *Méditations métaphysiques* apparaît avec la traduction française réalisée en 1647 par le Duc de Luynes. Cette traduction étant parue du vivant de Descartes et ayant été revue par lui, l'usage s'en est conservé jusqu'à nos jours. En raison de quelques différences entre le texte latin et ce texte français, et aussi parce que le français du XVIIe siècle recèle désormais certaines difficultés (faux-amis, mots ayant changé de sens), il était toutefois tentant de proposer une traduction exacte du latin de 1647 en français contemporain : l'entreprise a été menée à bien par Michelle Beyssade (Paris, Le Livre de poche, 1990).

Les *Méditations* constituent sans doute le chef-d'œuvre de Descartes et, plus largement, un des chefs-d'œuvre de la philosophie tout court. Indépendamment du fond, c'est la forme même de l'ouvrage (ou de son premier volet, si l'on considère que les Objections et Réponses en font aussi partie) qui est spécialement remarquable. Il est constitué de six brèves méditations, de sorte qu'on a parfois vu un écho entre ce texte mettant en scène la reconstruction du savoir en six jours à partir du chaos initial du doute, et le récit de la *Genèse* montrant Dieu créant le monde à partir du tohu-bohu primordial. Chaque méditation correspond à une journée et le texte est rédigé de telle façon qu'il invite le lecteur à refaire, pour son propre compte, le parcours méditatif qui y est narré. Sous cet angle, les *Méditations* appartiennent donc à la catégorie des « livres dont on est le héros », c'est-à-dire, en des termes plus choisis, qu'elles s'inscrivent dans la tradition des exercices spirituels, au moins *lato sensu* (étant entendu que Descartes a probablement et au moins pris contact avec cette tradition à La Flèche, via les *Exercices spirituels* d'Ignace de Loyola, le fondateur des jésuites). Michel Foucault (Foucault, 1972, p. 1125-1126) a bien synthétisé ce point : « [telle est] une méditation démonstrative : un ensemble d'événements discursifs qui constituent à la fois des groupes d'énoncés liés les uns aux autres par des règles formelles de déduction, et des séries de modifications du sujet énonçant, modifications qui s'enchaînent continûment les unes aux autres. […] C'est cette double lecture que requièrent les *Méditations* : un ensemble de propositions formant *système*, que chaque lecteur doit parcourir s'il veut en éprouver la vérité ; et un ensemble de modifications formant *exercice*, que chaque lecteur doit effectuer, par lesquelles chaque lecteur doit être affecté, s'il veut être à son tour le sujet énonçant, pour son propre compte, cette vérité ».

Descartes réalisa-t-il effectivement les six méditations dont il donne le récit ou bien ce texte constitue-t-il la reconstruction littéraire et rétrospective de réflexions, ou de « méditations », effectuées sous d'autres formes et autrement qu'en six jours ? En l'état actuel de nos informations sur la vie de Descartes, il est impossible de répondre à cette question.

Sur le fond, les *Méditations* présentent, en suivant l'ordre « analytique » qui est celui de la découverte des vérités (AT IX 122), l'essentiel de la métaphysique cartésienne, dont l'exposé a déjà été fourni plus haut. La première méditation porte sur le doute. La deuxième pose le *cogito*, examine l'essence de la chose qui pense et conclut, notamment dans la célèbre analyse dite « du morceau de cire » (AT IX 23-27), que l'esprit est, métaphysiquement parlant, « plus aisé à connaître que le corps » (*notior quam corpus*). La troisième détermine le critère de la vérité, enquête sur la nature et l'origine des idées de la chose qui pense, puis propose deux versions d'un argument *a posteriori* en faveur de l'existence de Dieu. La quatrième s'interroge sur la nature et l'origine de l'erreur, ce qui donne lieu à un court et dense développement sur la liberté. La cinquième examine l'essence des choses matérielles en analysant leurs idées, ce qui, lorsqu'on rencontre l'idée de Dieu, donne lieu à une sorte de bifurcation conduisant à la preuve de l'existence de Dieu que Kant nomma « ontologique ». La première moitié de la sixième méditation traite de l'existence des corps en général, en trois moments : du point de vue de l'entendement, l'existence des corps est possible (AT IX 57) ; du point de vue de l'imagination, elle est probable (AT IX 57-59) ; du point de vue de la sensation et étant entendu que Dieu n'est pas trompeur, elle est assurée (AT IX 59-63). La seconde moitié traite de l'existence de ce corps particulier auquel est très étroitement unie la chose qui pense, ainsi que des phénomènes (sensations, etc.) engendrés par cette union. Il est remarquable que les *Méditations* portent trois jugements d'existence (j'existe, Dieu existe, les corps et mon corps existent) mais ne se prononcent pas sur l'existence des autres hommes, qui apparaissent essentiellement dans un célèbre passage de la Méditation II où ils sont réduits à des « manteaux et des chapeaux, qui peuvent couvrir des spectres ou des hommes feints qui ne se remuent que par ressorts » (AT IX 25). Certains y ont vu la marque d'une sorte de solipsisme de l'*ego* cartésien. On peut aussi se demander si cette absence d'autrui dans ce texte-ci ne signifie pas que la démarche *métaphysique* n'est pas selon Descartes celle qui permet de poser de façon correcte et fructueuse la question du rapport à l'altérité (Dieu mis à part). On prendra garde aussi au fait que, dans ces *Méditations*, Descartes ne prétend pas avoir épuisé le sujet de la métaphysique, ou exposé tout ce qu'il y avait à en dire. Le début de la Méditation V explique ainsi, en une sorte de perche tendue à d'éventuels continuateurs cartésiens, ou de pierre d'attente pour des ouvrages à venir (les *Principes* ?), « qu'il me reste beaucoup d'autres choses à examiner touchant les attributs de Dieu et touchant ma propre nature » (AT IX 50). Et les discussions qui eurent lieu par la suite entre cartésiens sur les idées, les preuves de l'existence de Dieu, la finalité, etc., attestent rétrospectivement que Descartes avait en effet laissé dans l'indécision bien des aspects de ces questions. Enfin, dans la mesure où, avec la Méditation VI, on sort de la métaphysique pour s'intéresser au monde des corps (physique, médecine) et à l'union de l'esprit et du corps (morale, *lato sensu*), le titre *Méditations de philosophie première* décrit sans doute plus exactement le contenu de l'ouvrage que celui de *Méditations métaphysiques*.

Avant la publication des *Méditations*, en 1640-1641, Descartes avait, avec l'aide Mersenne, veillé à ce que le texte en fût communiqué à quelques lecteurs choisis dont il recueillit les objections latines (leur traduction française de 1647 est l'œuvre de Clerselier). Ces objecteurs sont, dans l'ordre de présentation de leurs objections, Caterus (Johan de Kater, 1590-1655), prêtre hollandais dont les objections sont d'inspiration scolastique ; divers théologiens et philosophes, dont sans doute Mersenne lui-même ; le célèbre philosophe anglais Thomas Hobbes (1588-1679) ; Antoine Arnauld (1612-1694), le futur leader du parti janséniste, qui achevait alors ses études à la Sorbonne et dont Descartes estima que les objections étaient les « meilleures de toutes » (*à Mersenne* du 04-03-1641, AT III 330-331) ; Pierre Gassendi (1592-1655), prêtre, philosophe et théologien alors renommé, très critique vis-vis de l'aristotélisme et inspiré par la philosophie épicurienne ; et à nouveau « divers théologiens et philosophes » sans doute coordonnés par Mersenne. À ces six séries d'objections, Descartes fournit d'amples réponses, le tout étant publié à la suite du texte des *Méditations* (l'édition de 1642 est augmentée d'une septième série d'objections, faites par le jésuite Bourdin, et de réponses, ainsi que d'une lettre au P. Dinet). Les Réponses données à ces Objections sont évidemment du plus haut intérêt philosophique, puisqu'il s'agit de commentaires et d'explications procurés par Descartes lui-même sur des points des *Méditations* au sujet desquels des lecteurs perspicaces avaient rencontré des difficultés. Mais contrairement à ce qu'on pourrait attendre, les échanges représentant une sorte de « choc des titans » entre Descartes d'une part, et d'autre part ses deux plus illustres objecteurs, Hobbes et Gassendi, ne sont pas les textes doctrinalement les plus riches : Descartes estime avoir été mal compris par ces deux penseurs, il ne cache pas une certaine mauvaise humeur à leur égard, et la qualité intellectuelle des échanges, qui virent parfois à la sèche polémique, s'en ressent. Il reste que les Réponses donnent dans l'ensemble de très précieux éclairages sur de nombreux points de la pensée de Descartes, y compris certains qui n'avaient pas été explicitement abordés dans les *Méditations.* Citons par exemple, et sans aucune prétention à l'exhaustivité : les réflexions sur le thème de Dieu cause de soi (*causa sui*) proposées par les Réponses I et IV (AT IX 84-89 et 182-189) ; dans les Réponses I, des précisions sur l'argument *a priori* en faveur de l'existence de Dieu présenté par la Méditation V (AT IX 91-94) ; dans les Réponses II, une mise au point sur la question de « l'athée géomètre » (AT IX 111) et l'importante réflexion sur le thème de l'ordre qui précède l'exposé *more geometrico* d'une partie de la métaphysique cartésienne (AT IX, 121-132) ; dans les Réponses III, une mise au point sur l'usage cartésien de la notion d'idée (AT IX 141) – puisque

Descartes est le premier auteur à avoir utilisé largement ce concept pour décrire l'activité de l'esprit humain, alors que les scolastiques s'en servaient exclusivement pour caractériser la pensée divine ; dans les Réponses IV, des précisions sur le fait qu'une idée claire et distincte ne constitue pas nécessairement une connaissance « entière et parfaite » (*adaequata*) de la chose dont elle est l'idée (AT IX 171-173 ; voir sur ce même thème *à Gibieuf* du 19-01-1642, AT III 474-478) et sur l'idée « matériellement fausse », c'est-à-dire fausse en elle-même, avant tout jugement porté sur elle (AT IX 180-182), puis des éléments de « physique eucharistique » visant à montrer la compatibilité de la réduction cartésienne de l'essence de la matière à l'étendue avec le dogme catholique de la présence réelle et le thème de la transsubstantiation (AT IX 191-197) ; dans les Réponses V, une défense du *cogito* contre une lecture « désacralisante », qui le réduirait à un énoncé du type « je me promène donc je suis » (trad. fr. non donnée en AT, Alq II 791-793) ; dans les Réponses VI une mise au point sur la théorie dite des animaux-machines (AT IX 228-230) et une remarquable analyse des « trois degrés » présents dans toute sensation (AT IX 236-238).

La question de la posture adéquate pour la recherche de la vérité en philosophie est enfin engagée par la façon dont on envisage l'articulation entre d'une part le texte des six Méditations (pratique discursive solitaire) et d'autre part celui des Objections et Réponses (pratique discursive collective, s'inscrivant dans l'horizon d'une « République des Lettres »). Ou bien l'on considère que la vérité (métaphysique) est acquise à la fin des opérations méditatives : Objections et Réponses apparaissent alors comme théoriquement secondaires, voire superflues et représentent, suivant le point de vue où l'on se place, comme des exercices de convenance en forme de concession plus ou moins consciente faite à la tradition de la *disputatio* scolastique, ou l'occasion que Descartes se donne de s'imposer par une démonstration de force publique, ou encore un complément explicatif ne modifiant en rien une philosophie constituée et que l'*ego* sûr de son fait condescend à fournir aux esprits encombrés de préjugés qui peinent à le suivre dans son cheminement triomphal vers le vrai. Ou bien l'on considère qu'Objections et Réponses, peut-être parce qu'elles découvrent la structure profonde de méditations déjà en elles-mêmes dialogiques, sont *aussi* un moment du processus de recherche et de découverte de la vérité. Dans ce cas, l'*ego* cartésien intègrerait un rapport théorique fort à l'*alter ego* et inscrirait sa recherche philosophique dans la dynamique d'une communauté intellectuelle.

Pour une présentation générale du projet des *Méditations* et un commentaire linéaire de la Méditation I, voir Kambouchner 2005. Pour une étude d'ensemble des *Méditations*, voir Gueroult 1953, Wilson 2003, Scribano 2010, Bouchilloux 2011. Pour une présentation des objecteurs aux *Méditations* et de leurs *Objections*, voir Ariew et Grene 1995. Pour une présentation thématique des débats menés dans les *Objections* et les *Réponses*, voir Beyssade et Marion 1994.

LES *PRINCIPES DE LA PHILOSOPHIE*

Les *Principia philosophiae* ont été publiés en latin en 1644. L'abbé Claude Picot en a réalisé une traduction française parue en 1647 avec l'aval de Descartes (LPPP, AT IX 1 : « La version que vous avez pris la peine de faire de mes *Principes* est si nette et si accomplie, qu'elle me fait espérer qu'ils seront lus par plus de personnes en français qu'en latin »). Le texte est à cette occasion augmenté d'une importante *Lettre-Préface*. Les différences entre le texte latin des *Principia* et le texte français des *Principes* sont nombreuses et parfois importantes : la question demeure ouverte de savoir si elle relèvent de libertés prises par le traducteur ou s'il s'agit de modifications, coupes et ajouts souhaités par Descartes lui-même – auquel cas la traduction de 1647 aurait le statut d'une « seconde édition revue et corrigée par l'auteur ». Comme pour les *Méditations*, il est donc tentant de fournir une traduction exacte, en français contemporain, du texte latin de 1644. Cela n'a pour l'instant été que partiellement réalisé (pour la partie I et des extraits des parties II, III et IV, aux Éditions Vrin en 2009).

Dans la période où il rédigeait cet ouvrage, Descartes l'a plusieurs fois désigné comme sa « somme de philosophie » (*à Huygens* du 31-01-1642, AT III 523 ; *à Mersenne* du 22-12-1641, AT III 465). Il faut entendre le terme « somme » en deux sens. Les *Principia* sont d'abord conçus – pour la première fois si l'on se souvient que Descartes renonça à la publication du *Monde*, que le *Discours* est un simple abrégé et que les *Méditations* exposent pour l'essentiel la seule métaphysique cartésienne – comme une synthèse détaillée de l'ensemble de la philosophie de Descartes. De ce point de vue, les

Principia ne constituent pas vraiment une exposition de thèmes nouveaux, mais plutôt une exposition nouvelle, et pour la première fois complète, d'une pensée arrivée à maturité. Mais les *Principia* ne sont pas seulement cet aboutissement d'un travail antérieur. En les rédigeant, Descartes pense à l'avenir : le cartésianisme existe, il faut maintenant susciter des cartésiens, des disciples qui admettront et diffuseront la pensée du maître. La « Somme » des *Principia* est donc également un « cours de philosophie » (*à Mersenne* du 11-11-1640, AT III 233 : « ... mon dessein est d'écrire par ordre tout un cours de ma Philosophie en forme de thèses, où, sans aucune superfluité de discours, je mettrai seulement toutes mes conclusions, avec les vraies raisons d'où je les tire »), c'est-à-dire un manuel destiné à servir de support à l'enseignement de la philosophie cartésienne dans les écoles, notamment celles des jésuites que Descartes espère alors gagner à sa cause. Le texte se signale ainsi par certains passages de polémique anti-aristotélicienne (voir par ex. I art. 71, IV art. 202), puisque le manuel ou cours cartésien est censé se substituer à ceux précédemment utilisés. La correspondance de Descartes montre d'ailleurs qu'avant de publier les *Principes*, il se renseigna sur les principaux manuels de philosophie scolastique alors en usage, notamment les *Conimbres*, c'est-à-dire le célèbre commentaire en cinq volumes des principales œuvres d'Aristote donné entre 1592 et 1606 par les jésuites de l'Université de Coimbre, la *Summa totius philosophiae* (1617) de Charles François Abra de Raconis (1590-1646), la *Summa philosophica quadripartita* (1609) d'Eustache de Saint-Paul (1573-1640). Cette visée pédagogique explique aussi en grande partie la forme des *Principia* : de courts et denses articles, qu'on peut lire et commenter un par un, chacun étant de plus abrégé par un sommaire qui, dans la première édition, n'était pas présenté avant chaque article à la manière d'un titre rompant la continuité du texte, mais donné dans des « manchettes » à la marge, alors qu'à l'intérieur de chaque partie le passage d'un article à un autre était signalé par un simple retour à la ligne. Cette visée détermine enfin les spécificités du texte du point de vue non seulement de sa forme, mais aussi de son contenu.

On le voit bien si l'on compare les deux grands exposés que Descartes donna de sa métaphysique : les *Méditations* et la partie I des *Principes*. Même si les spécialistes discutent sur les éventuelles évolutions de la pensée cartésienne entre les deux œuvres, dans les grandes lignes, leur doctrine est identique : doute, *cogito*, preuves de l'existence de Dieu, distinction réelle de l'esprit et du corps, etc. L'ordre de présentation des thèses est dans l'ensemble également le même, avec quelques variations notables : par exemple l'affirmation de la distinction réelle de l'esprit et du corps s'opère beaucoup plus rapidement dans les *Principes* (I, art. 8) que dans les *Méditations*, où elle n'intervenait que dans la sixième ; la preuve de l'existence de Dieu dite « ontologique », qu'on trouvait dans la Méditation V – après, donc, les deux preuves « par les effets » de la Méditation III – apparaît dans les *Principes* avant elles (art. 14 pour la preuve dite ontologique, art. 18-21 pour les deux versions de la preuve par les effets). Ces modifications peuvent s'expliquer par le fait que les *Principes* ne sont pas, à la différence des *Méditations*, un texte qui restitue l'ordre « analytique » de la découverte de la vérité, mais si l'on en croit l'*Entretien avec Burman* (AT V 153) un ouvrage qui suit un ordre « synthétique », ou en tout cas plus proche de la synthèse que celui des *Méditations* (sur l'ordre dans les *Principes*, voir Beyssade 2001, p. 189-210). Quant aux contenus, ce souci pédagogique conduit Descartes à fournir des explicitations et des définitions parfois absentes des autres œuvres. C'est par exemple le cas avec les concepts de « clarté » et de « distinction », dont les *Méditations* faisaient grand usage sans jamais les expliciter et qui sont ici soigneusement définis et illustrés au moyen d'exemples (art. 45-46). De façon plus frappante encore, les articles 48 à 62 proposent une sorte de micro-traité d'ontologie sans équivalent dans les autres ouvrages cartésiens : Descartes y présente et définit les catégories fondamentales de son ontologie (substance, attribut, mode) et met au jour les différents types de distinction (réelle, modale, de raison) qu'il admet. Pour toutes ces raisons, cette première partie des *Principes*, si elle ne possède sans doute pas la beauté, voire le génie, littéraire des *Méditations*, est fort utile pour comprendre les concepts fondamentaux de la métaphysique cartésienne.

L'ouvrage est composé de quatre parties, qu'on peut regrouper de différentes manières. La partie I (*Des principes de la connaissance humaine*) correspond *grosso modo* à l'exposé de la métaphysique. Les parties II (*Des principes des choses matérielles*), III (*Du monde visible*) et IV (*De la terre*) proposent la physique de Descartes, en allant du général au particulier : la partie II expose des réflexions sur l'essence et l'existence du monde matériel, puis les lois du mouvement qui régissent l'univers tel que le conçoit Descartes (sur cette partie II des *Principes*, voir

Carraud et de Buzon, 1994); la partie III, la cosmologie cartésienne (cieux, soleil, étoiles, planètes, comètes, etc.); la partie IV, la nature de la terre et un certain nombre de phénomènes remarquables qu'on y observe (notamment marées, salinité de la mer, volcanisme, nature du feu, du verre et de l'aimant). On peut aussi avec Leibniz (*Remarques sur la partie générale des* Principes *de Descartes*, 1692) réunir les parties I et II en une unique « partie générale » où Descartes proposerait ses « principaux principes » (*praecipua principia* : PP I, art. 75) et considérer que les parties III et IV abordent des questions plus particulières.

À l'article 188 de la partie IV (voir aussi LPPP, AT IX 16-17), Descartes explique que, pour que « ce traité soit complet », c'est-à-dire corresponde à la description de la philosophie donnée dans la LPPP, il faudrait ajouter à cette métaphysique et cette physique deux autres parties, se rapportant, peut-on penser, à la médecine et à la morale : « l'une touchant la nature des animaux et des plantes, l'autre touchant celle de l'homme ». L'ouvrage s'achève par une sorte de conclusion générale (IV art. 188-207) qui esquisse certains éléments qui auraient dû figurer dans la partie consacrée à l'homme, en présentant notamment des développements importants sur les sens et la sensation. Les articles 205-206 présentent la distinction entre certitude morale et certitude métaphysique, l'article 205 étant célèbre pour sa comparaison entre les explications de physique proposées par Descartes et les opérations de déchiffrement d'un texte codé.

À l'occasion de la traduction française de 1647, Descartes augmenta son ouvrage d'une importante *Lettre-Préface*. Conçu pour un public de non-spécialistes, ce court texte apparaît à la fois comme un bilan et un manifeste explicatif, qui complète aussi les éléments de biographie intellectuelle donnés dix ans plus tôt dans le *Discours de la méthode*. Il constitue peut-être la meilleure porte d'entrée dans la philosophie de Descartes : non seulement ce dernier y détaille – ce qu'il n'avait jamais fait auparavant – sa conception de la philosophie et la façon dont il l'a pratiquée, mais il y propose aussi d'importantes mises au point sur des thèmes essentiels de sa pensée, comme les notions de « principe » et de « sagesse ».

Pour un recueil d'études couvrant l'ensemble des *Principes*, voir Armogathe et Belgioioso, 1996. Pour un commentaire des trois premières parties, Mehl 2009.

LES *NOTAE IN PROGRAMMA QUODDAM*

Henri de Roy, dit Regius (1598-1679), était médecin de formation, il enseignait la médecine et la botanique à l'université d'Utrecht et se réclamait de la philosophie de Descartes. Ce dernier, considérant Regius comme un de ses partisans, entretint avec lui à partir de 1640 une correspondance d'abord confiante, et le défendit lorsque son cartésianisme affiché lui valut des problèmes avec ses collègues (par ex Gijsbert Voet, dit Voetius, professeur de théologie et recteur de l'université d'Utrecht, qui avait attaqué conjointement Descartes et Regius ; voir AT VIII 163). En 1646, Regius fit paraître des *Fondements de la physique*. Se voulant fidèle à Descartes, il présentait une explication entièrement mécaniste des objets dont traite la physique, mais il s'éloignait de son inspirateur proclamé sur plusieurs points de métaphysique, notamment en critiquant la théorie des idées innées et les preuves de l'existence de Dieu qui en découlent, et en affirmant que la philosophie ne peut pas démontrer la distinction réelle de l'âme et du corps. En un sens, Regius tirait ainsi le mécanisme cartésien vers l'empirisme et le matérialisme, ce que Descartes refusa. Fin 1647, la polémique entre Descartes et celui qu'il considérait désormais comme un ex-disciple dissident connut un nouvel épisode public : Regius réaffirma ses thèses en faisant afficher un court texte (un « placard », c'est-à-dire une affiche) intitulé *Explication de l'esprit humain ou de l'âme raisonnable*. Descartes répondit par les *Notae in programma quoddam, Remarques sur un certain placard* (on trouve ces deux textes latins en AT VIII 341-369, une traduction française peu fiable, par Clerselier, en Alq III 787-820 et une nouvelle traduction plus fidèle dans l'ouvrage collectif *Cheminer avec Descartes* paru aux éditions Garnier). Dans ce court et dense texte où il répond point par point aux vingt et un articles qui figuraient sur le « placard » de Regius, Descartes donne des indications précieuses, et parfois sans équivalent dans ses autres ouvrages, sur des points essentiels de sa philosophie : des éléments d'ontologie (l'attribut principal et les rapports entre les modes et la substance) ; les rapports entre foi et raison, etc. ; surtout, les *Notae* sont le texte où Descartes fait le point le plus dense et synthétique sur sa théorie de la connaissance dite « innéiste », présentée non comme une conception statique de l'esprit mais comme la prise en compte de la capacité dynamique de ce dernier à forger des représentations.

Les textes échangés par Descartes et Regius ont été commodément réunis par G. Rodis-Lewis dans *Lettres à Regius et Remarques sur l'explication de l'esprit humain*, Vrin, 1959. Pour une présentation des circonstances de publication des *Notae*, voir ce dernier ouvrage et Verbeek 1993. Voir aussi E.-J. Bos éd., *The Correspondance between Descartes and Henricus Regius*, Zeno, Utrecht, 2002.

LES PASSIONS DE L'ÂME

Les Passions de l'âme sont le dernier livre publié de son vivant par Descartes, en 1649. Sans doute suscité, et nourri, par les interrogations de la princesse Élisabeth, l'ouvrage aborde décidément la question du « vrai homme » constitué de l'union très étroite d'un esprit et d'un corps, qui, depuis la Méditation VI, était au cœur des préoccupations de Descartes : à une *passion* de l'âme correspond en effet toujours (en laissant de côté les éventuels cas d'auto-affection de l'âme) une *action* du corps sur cette dernière. L'étude des passions était un thème fréquent dans la philosophie, et la théologie, de la première moitié du XVII e siècle, par exemple chez les néo-stoïciens, comme Juste Lipse ou Guillaume du Vair (voir aussi Marin Cureau de la Chambre, *Les Caractères des passions*, 5 vol., 1640-1662 ; Jean-François Senault, *De l'usage des passions*, 1641). C'est l'approche dualiste des phénomènes passionnels proposée par Descartes qui fait l'originalité de son ouvrage. On le voit par exemple à l'article 47 qui refuse, au nom de l'unité de l'âme, le thème, platonicien (*Phèdre*, 246 a *sq.*) aussi bien que thomiste (*Somme théologique*, Ia IIae, quest. 22 et 23), de « combats » entre différentes « parties » de cette dernière. À ce thème des déchirements dans l'âme, Descartes substitue l'idée « d'impulsions contraires », les unes venant de l'âme, les autres du corps, qui poussent la glande pinéale dans des directions différentes.

Dans une des deux lettres de Descartes qui, avec celles d'un correspondant non identifié, servent de préface à l'ouvrage, le philosophe explique que son « dessein n'a pas été d'expliquer les passions en orateur [c'est-à-dire celui qui provoque des passions à propos des passions], ni même en philosophe moral [c'est-à-dire celui qui évalue, juge les passions], mais seulement en physicien » (AT XI 326). Les *Passions* proposent ainsi une approche descriptive plutôt que prescriptive des phénomènes passionnels et sont toujours attentives à dégager leurs fondements somatiques (« physiques »). Cela explique qu'en un sens, ce livre consacré avant tout à des événements qui concernent l'âme soit, de tous ceux qu'a rédigés Descartes, le plus susceptible de recevoir une interprétation de type matérialiste. Cette démarche descriptive n'empêche pas néanmoins une évaluation des passions étudiées, ou plutôt, dans la mesure où elles « sont toutes bonnes dans leur nature » (art. 211), une réflexion sur le meilleur usage que nous pouvons en faire.

L'ouvrage comporte trois parties. La première (art. 1-50), *Des passions en général et par occasion de toute la nature de l'homme*, définit le concept de passion (art. 1-2), et précise les causes somatiques (circulation du sang et des esprits animaux) de cet événement mental. Les articles 30 *sq.* désignent la « glande pinéale » comme le lieu de l'union de l'esprit et du corps, puis s'intéressent à l'âme en tant que, par la volonté, elle est active et peut contrôler ses passions. L'art. 50, typique d'un certain volontarisme cartésien, conclut, en mobilisant le modèle du dressage pour penser le rapport de l'esprit au corps, « qu'il n'y a point d'âme si faible qu'elle ne puisse, étant bien conduite, acquérir un pouvoir absolu sur ses passions ». Cherchant donc à expliquer quel est,

« directement » (par la volonté) ou « indirectement » (par le réglage fin de mécanismes psychosomatiques) « le pouvoir de l'âme au regard de ses passions » (art. 45), Descartes réfute tout déterminisme passionnel qui serait dû aux seuls tempéraments, nature, ou naissance (pour un commentaire linéaire de cette partie I des *Passions*, voir Kolesnik-Antoine et Drieux, 1998).

La partie II (art. 51-148) est intitulée *Du nombre et de l'ordre des passions et l'explication des six primitives*. Les six passions primitives sont selon Descartes l'admiration, l'amour, la haine, le désir, la joie et la tristesse (voir art. 69). Les autres passions en dérivent ou bien comme des espèces dérivent du genre (par ex., l'estime et le mépris sont des espèces de l'admiration : art. 54, 149, 150) ou comme des composés de ces six passions fondamentales, ou de celles qui en sont dérivées. Ainsi la pitié apparaît-elle comme « une espèce de tristesse mêlée d'amour [...] envers ceux à qui nous voyons souffrir quelque mal duquel nous les estimons indignes » (art. 185). Cette façon de procéder pour décrire et composer les passions se retrouvera dans les parties III et IV de l'*Éthique* de Spinoza, qui sont, de ce point de vue, nettement inspirées par les réflexions cartésiennes.

La partie III (art. 149-201) est intitulée *Des passions particulières*. C'est notamment là qu'on trouve, en une sorte de fil conducteur qui court tout au long du texte, les célèbres développements sur la générosité (art. 153 *sq.*) complétés par ceux sur l'humilité vertueuse et vicieuse (art. 155 et 159), l'irrésolution (art. 170), le remords (art. 177), la satisfaction de soi-même (art. 190). Il a déjà été question de ces thèmes dans l'exposé doctrinal consacré à la « plus haute et parfaite morale ».

Une façon de lire, ou relire, l'œuvre de Descartes peut être d'y suivre la trace d'une passion particulière, à la lumière de ce qu'en disent les *Passions de l'âme*. Une telle lecture est évidemment envisageable en s'attachant au thème de la « générosité ». Mais elle peut aussi être par exemple conduite avec la passion « primitive » d'admiration, où il faut également entendre la notion « d'étonnement » en son sens actuel. Les *Passions de l'âme* la définissent à l'art. 53 comme « la première de toutes les passions », de laquelle dérivent de nombreuses autres (estime, mépris, générosité, orgueil, humilité, vénération, dédain). La présence de cette passion d'admiration d'un bout à l'autre du corpus cartésien est en effet frappante. Elle figure dans le récit de la soirée des songes de 1619 : « le 10 novembre 1619 comme j'étais empli d'enthousiasme et que je découvrais les fonde-ments d'une science *admirable* [*fundamenta mirabilis scientiae*] » (AT X 179, Alq I 52) ; dans la désignation, par un autre texte de jeunesse, des « trois choses admirables » (*tria mirabilia*, AT X 218, Alq I 63 ; voir *supra*, p. 91) ; dans la première page des *Météores* (AT VI 231) : « nous avons naturellement plus d'admiration pour les choses qui sont au-dessus de nous que pour celles qui sont à pareille hauteur ou au-dessous. [...] J'explique[rai] ici leur nature en telle sorte qu'on n'ait plus occasion d'admirer rien de ce qui s'y voit » ; dans la contemplation émerveillée de l'idée de Dieu à la fin de la Méditation III (AT IX 41) : « considérer, admirer [*admirari*] et adorer l'incomparable beauté de cette immense lumière ». L'art. 76 des *Passions*, qui explique « qu'il est bon d'être né avec quelque inclination à [l'admiration] parce que cela nous dispose à l'acquisition des sciences » mais que nous devons toutefois dépasser ce rapport « admiratif » au réel en évitant « d'admirer trop » et en « acquérant la connaissance » de ce qui de prime abord nous étonne, apparaît en ce sens comme une manière de micro-biographie intellectuelle (sur l'admiration, voir Alquié 1950, p. 38-55 ; Dumont 1997, p. 177-191).

Comme on l'a également noté plus haut, l'ouvrage baigne dans une tonalité anthropologiquement optimiste : les passions « sont toutes bonnes dans leur nature » (art. 211), il dépend de chacun de parvenir à « s'en rendre maître et les ménager avec adresse » de sorte à en « tirer de la joie » (art. 212), etc. On semble donc loin de l'idée d'une nature humaine irrémédiablement viciée, corrompue, ou du thème d'une vie passionnelle immanquablement désordonnée et brouillée par la concupiscence, comme on les trouve chez Pascal, Arnauld et d'autres grands augustiniens de la seconde moitié du XVIIe siècle qui donnent une interprétation très sombre du thème chrétien du « péché originel ». Plus qu'un penseur de l'Âge classique – si du moins on caractérise ce dernier par ce type d'auteurs – Descartes, avec sa sereine confiance dans les capacités naturelles du « vrai homme » à voir le vrai, faire le bien et vivre heureux, apparaît alors comme un philosophe s'inscrivant dans la continuité de l'humanisme renaissant (voir en ce sens Faye 1998).

Pour un commentaire détaillé de l'ensemble des *Passions de l'âme*, voir Kambouchner 1995.

LA CORRESPONDANCE

La correspondance de Descartes est abondante, ce qui n'a rien d'étonnant en un Grand Siècle très épistolier : l'édition AT publie près de 600 lettres, mais on en retrouve et identifie toujours, si bien que les dernières éditions (Bompiani, TEL-Gallimard) en donnent plus de 700. Comme beaucoup d'autres correspondances des savants de l'âge classique, celle de Descartes fait partie de son œuvre intellectuelle et il était entendu que la plupart de ses lettres pouvaient être lues par d'autres personnes que leur destinataire, et éventuellement publiées. Il serait donc anachronique de s'étonner de la richesse du contenu théorique de ces lettres, ou de s'offusquer de la rupture du secret de la correspondance que constituerait leur lecture. Cette correspondance fournit au contraire des éléments indispensables à toute étude précise de la pensée de Descartes.

On a pu dire que Descartes se servait de sa correspondance comme d'un « laboratoire intellectuel » : elle lui permettait de tester des hypothèses, dans tous les domaines (mathématiques, métaphysique, physique, etc.). On y voit ainsi souvent des thèses formulées de façon hardie, dans la force de leur jaillissement premier, alors qu'on ne les retrouvera que sous des formes nuancées, ou corrigées, dans les ouvrages publiés. La correspondance contient aussi quelques exposés sans réel équivalent dans les œuvres publiés, comme par exemple au sujet de la thèse dite de la « création des vérités éternelles », d'abord présentée dans trois lettres à Mersenne d'avril-mai 1630, et plus tard dans des lettres à Mesland et Arnauld ; ou bien la copieuse *Lettre à Huygens* du 05 octobre 1637 (AT I 431-448), qui constitue le principal exposé de la « mécanique » (au sens de : théorie des engins de levage) cartésienne ; ou bien, dans les lettres à Mesland, des réflexions sur la présence réelle du Christ dans l'eucharistie ; ou bien à propos de la question de l'âme des bêtes (voir notamment *à Newcastle* du 23-11-1646 et *à More* du 05-02-1649) ; la *Lettre à Chanut* du 01-02-1647 fournit quant à elle une sorte de « traité de l'amour » à juste titre célèbre et sans équivalent dans le reste du corpus cartésien.

La correspondance constitue aussi notre principale source d'information sur un point que Descartes n'aborde pratiquement jamais dans ses ouvrages publiés : ses lectures et ses sources. Elle consigne également ses avis sur certains de ses contemporains, par exemple sur Galilée (voir *à Mersenne* du 11-10-1638) ou sur sur Fermat, avec qui Descartes échangea quelques lettres et qu'il évoque à plusieurs reprises avec Mersenne dans les années 1637-1639.

Quantitativement parlant, le principal correspondant de Descartes est, de loin, le P. Marin Mersenne (1588-1648, près de 140 lettres de Descartes lui sont adressées). Esprit curieux et polyvalent, organisateur et plaque tournante d'un vaste réseau intellectuel s'étendant à l'Europe entière, Mersenne mit Descartes en relation avec des personnalités scientifiques de son époque, joua pour lui le rôle de secrétaire intellectuel et lui apporta son aide lors de l'édition de ses œuvres. La correspondance de Descartes avec Mersenne est par conséquent thématiquement très hétérogène et d'un intérêt spéculatif variable.

Parmi les ensemble de lettres échangées avec un correspondant donné et qui méritent une attention particulière, on peut signaler, sans prétention à l'exhaustivité : la correspondance avec Isaac Beeckman (huit lettres, de 1619 à 1634) où l'on voit le « jeune » Descartes s'affirmer intellectuellement ; la correspondance avec l'homme de lettres Jean-Louis Guez de Balzac (quatre lettres entre 1628 et 1637) où Descartes donne la pleine mesure de ses talents de prosateur ; et, sur les questions de morale essentiellement, les correspondances avec la princesse Élisabeth de Bohême (une trentaine de lettres de 1643 à 1649) et Hector-Pierre Chanut (douze lettres, de 1646 à 1649).

L'édition AT (t. I à V) présente les lettres de Descartes dans leur ordre chronologique de rédaction supposée. La récente édition de la correspondance de Descartes dans la collection TEL-Gallimard les classe, de façon commode pour l'étude, en « dossiers » organisés autour des correspondants (Beeckman, Mersenne, Élisabeth, etc.) ou groupes de correspondants (les jésuites, les oratoriens, etc.).

Pour un recueil d'articles sur la pensée de Descartes envisagée au prisme de sa correspondance, voir Armogathe, Belgioioso et Vinti, 1999.

LA MÉTAPHYSIQUE,
L'ORDRE ET LA VRAIE VIE

Être cartésien, c'est [...] vouloir être cartésien. C'est-à-dire [...] vouloir dire l'hyperbole démonique à partir de laquelle la pensée s'annonce à elle-même, s'effraie elle-même, et se rassure au plus haut d'elle-même contre son anéantissement ou son naufrage dans la folie et dans la mort.

Derrida 1967, p. 95

On réduit souvent le cartésianisme à la métaphysique cartésienne, et Descartes au métaphysicien qu'il fut à l'occasion. C'est une erreur, puisque la métaphysique n'est qu'une partie de l'arbre de la philosophie. Mais cette erreur recèle une part de vérité, pour trois raisons : les réflexions métaphysiques de Descartes ont mieux résisté au temps que beaucoup de ses contributions aux sciences positives, aujourd'hui dépassées. La métaphysique ne constitue pas ensuite n'importe quelle partie de l'arbre, mais sa racine, ce qui le soutient et le nourrit : en ce sens, elle conserve une forme de priorité (chronologique, épistémologique, axiologique) sur les autres domaines du savoir. Enfin, comme on l'a vu, Descartes ne conçoit pas la métaphysique à la façon d'un savoir autonome ou insulaire, qui occuperait un champ théorique clos et appliqué à des problèmes purement spéculatifs, sans rapport aux autres domaines du savoir et aux questions concrètes de l'existence quotidienne. Si la métaphysique est selon lui intéressante, c'est pour les fruits qu'elle permet de cueillir, parce que ses résultats peuvent être investis dans ces autres domaines et les éclairer, qu'elle constitue comme une grille de lecture de la réalité qui permet en définitive de mieux comprendre ce que nous sommes et vivons : ainsi s'opère, selon le titre d'un ouvrage de Ferdinand Alquié qui marqua les études cartésiennes, une *découverte métaphysique de l'homme* [Alquié, 1950]. L'oubli de cette fonction pratique, ou encore heuristique, de la métaphysique explique sans doute le phénomène de dépérissement qui la frappe depuis bientôt trois siècles et qui engendre la tentation de la « dépasser », d'en proclamer la « mort ». Dans *La Sainte Famille* (VI, 3) Marx a décrit ce processus d'« affadissement » d'une métaphysique instituée, après Descartes, en science autonome, tenue pour une fin en soi et non plus aussi comme un moyen pour l'atteinte d'autres savoirs davantage en prise sur la vie réelle : « Le matérialisme mécaniste français s'est rattaché à la physique de Descartes, par opposition à sa métaphysique. Ses disciples furent anti-métaphysiciens de profession, c'est-à-dire physiciens. [...] Les sciences positives s'étaient séparées de la métaphysique et avaient tracé des frontières autonomes. Toute la richesse métaphysique se trouvait réduite à des êtres imaginaires et à des choses célestes, au moment même où les êtres réels et les choses terrestres absorbaient tout l'intérêt. La métaphysique s'était affadie ». Dans l'arbre de la philosophie, Descartes savait, lui, ne pas couper les branches positives ou pratiques de la racine métaphysique, dont il ne risquait pas ainsi d'oublier la portée existentielle.

Souvent, dans les pièces de théâtre de l'Âge classique, la confusion s'installe quand les princes tombent amoureux des servantes, et les valets des princesses. Mais à la fin de la pièce, les choses rentrent dans l'ordre et à leur place, les princes épousent les princesses et les valets les servantes. *Mutatis mutandis*, de façon récurrente et comme on l'a vu à plusieurs reprises, un schéma analogue est à l'œuvre chez Descartes. En effet, selon lui, l'erreur se constitue presque toujours par une permutation, ou un croisement, c'est-à-dire par le fait d'appliquer un concept, une attitude, une faculté de l'esprit, etc., valable dans un domaine donné à un autre domaine : faire appel à l'autorité et la tradition, qui gouvernent ce qui concerne la foi, dans le domaine de la raison, où l'évidence doit commander (et réciproquement); appliquer le doute, attitude bienvenue voire requise dans le champ théorique, au domaine de la pratique, où règne l'urgence (et réciproquement); vouloir constituer la science, qui doit être fondée sur les concepts d'entendement, à l'aide des données des sens, qui indiquent ce qui est bon ou nocif pour nous (et réciproquement); etc. Cette figure de l'erreur comme déplacement, ou mauvaise localisation, d'une vérité autorise un robuste optimisme épistémologique présent dès la phrase inaugurale du *Discours* proclamant l'universalité du « bon sens » : quoique, de fait, la confusion et les permutations hasardeuses dominent, la vérité ne peut être totalement éclipsée par l'erreur puisque l'on trouve, même dans les pensées les plus fausses ou délirantes, des éléments ou des semences sur lesquels on peut s'appuyer pour réfléchir droitement. Comme le soutient une antique tradition (Thomas d'Aquin, *Somme contre les Gentils*, I, § 2) le rôle propre du sage, ou du philosophe, est ainsi de *mettre de l'ordre*, en assignant à chaque contenu ou opération de connaissance sa juste place et en lui conférant une fonction idoine.

Parmi les domaines où il convient de procéder de façon ordonnée, on n'oubliera pas enfin la philosophie elle-même, tout orientée vers la détermination d'une morale et la question de la « vie bonne », la vie en vérité du vrai homme. On pourra en ce sens, au moment de refermer cet ouvrage, se reporter à un texte qui, si on le prend au sérieux, exprime de façon remarquable l'avancée accomplie entre la Méditation I et les développements de morale qui couronnent l'œuvre cartésienne : la *Lettre à Élisabeth* de fin mai ou juin 1645 (AT IV, 218 *sq.*). Dans ses précédentes lettres à Descartes, la princesse lui avait expliqué, sur le ton de la confidence, qu'elle était malade non seulement du corps (« fièvre lente » et « toux sèche ») mais aussi de l'esprit : elle « se ressent très facilement des afflictions de l'âme » et souffre de « mélancolie », c'est-à-dire d'un trouble assimilable à une dépression. Dans sa réponse, Descartes propose une thérapie qui consiste en bonne partie à « divertir son imagination et ses sens le plus qu'il est possible ». Un psychologue contemporain dirait qu'il s'agit de « défocaliser », c'est-à-dire de se donner les moyens de ne plus laisser les pensées affligeantes envahir l'esprit. En termes plus cartésiens : « il se faut entièrement délivrer l'esprit de toutes sortes de pensées tristes, et même aussi de toutes sortes de *méditations* sérieuses touchant les sciences, et ne s'occuper qu'à imiter ceux qui, en regardant la verdeur d'un bois, les couleurs d'une fleur, le vol d'un oiseau, et telles choses qui ne requièrent aucune attention, *se persuadent qu'ils ne pensent à rien.* Ce qui n'est pas perdre le temps, mais le bien employer ».

On mesure avec ce texte tout le chemin parcouru depuis le début de l'itinéraire métaphysique : en cette philosophie parvenue à maturité, représentations moroses et méditations (métaphysiques) se retrouvent associées dans la catégorie des pensées dont il faut apprendre à délester l'esprit, et dont une fréquentation abusive conduirait à la mélancolie. L'usage de la sensation est recommandé, en ses formes les plus euphoriques, naïves et charmantes : promenade bucolique, jouissance chromatique, habitation poétique et sensuelle du monde. Le pur esprit méditatif compose désormais « comme un tout » avec ce corps qui fait de lui un « vrai homme », ou encore, dirions-nous aujourd'hui, une chair. Et dans cette pleine saisie des joies de l'incarnation, le philosophe qui a tant peiné à s'apercevoir et se définir, métaphysiquement parlant, comme une « chose qui pense » propose, en une sorte de paradoxal mouvement d'auto-suppression, qu'on « se persuade de ne penser à rien ».

BIBLIOGRAPHIE

ŒUVRES DE DESCARTES

« L'édition de référence » des œuvres de Descartes demeure, pour le moment, celle procurée par Ch. Adam et P. Tannery : *Œuvres* de Descartes par Ch. Adam et P. Tannery, 11 vol., nouvelle présentation par B. Rochot et P. Costabel, Paris, Vrin-CNRS, 1964-1974 (édition reprise en 11 vol. au format de poche, Paris, Vrin, 1996).

Une nouvelle édition des *Œuvres complètes* de Descartes est en cours, sous la direction de J.-M. Beyssade et D. Kambouchner, aux éditions Gallimard dans la collection TEL. Elle devrait comprendre 8 volumes. Sont déjà parus le *Discours de la méthode* et les *Essais* (t. III, 2009) et la *Correspondance* (éd. J.-R. Armogathe, t. VIII-1 et VIII-2, 2013).

On pourra également consulter :
– *Œuvres philosophiques de Descartes*, par F. Alquié, 3 vol., Paris, Garnier, 1963-1973, réimpression corrigée avec une préface de D. Moreau, Paris, Classiques Garnier, 2010
– René Descartes, *Opere 1637-1649* et *Opere Postume 1650-2009*, éd. G. Belgioioso, Milan, Bompiani, 2009
– Descartes, *Correspondance*, éd. par Ch. Adam et G. Milhaud, 8 vol., Paris, Félix Alcan puis P.U.F., 1936-1963
– Descartes, *Tutte le Lettere 1619-1650*, éd. G. Belgioioso, Milan, Bompiani, 2009

Enfin, les œuvres de Descartes sont pour la plupart disponibles en éditions séparées, souvent dotées d'introductions, de notes etc. dignes d'intérêt, que ce soit dans de grandes collections universitaires ou en édition de poche (notamment aux éditions Vrin). On peut signaler en particulier les volumes parus dans la collection « Épiméthée » aux P.U.F. (*Abrégé de musique* ; *Étude du bon sens, La Recherche de la vérité et autres écrits de jeunesse (1616-1631)* ; *Exercices pour les éléments des solides* ; *Écrits physiologiques et médicaux* ; *Entretien avec Burman*) ou l'édition conjointe du *Monde* et de *L'Homme* au Seuil.

ÉTUDES SUR DESCARTES

La bibliographie cartésienne est colossale. On se borne ci-dessous à mentionner les études citées dans cet ouvrage, et une sélection de quelques livres. Pour des recherches bibliographiques plus poussées, on peut utiliser :
– SEBBA G. : *Bibliographia Cartesiana. A Critical Guide to the Descartes Literature, 1800-1960*, La Haye, Nijhoff, 1964
– ARMOGATHE J.-R. et CARRAUD V. : *Bibliographie cartésienne (1960-1996)*, Lecce, Conte, 2003
– depuis 1970, le *Bulletin cartésien* qui paraît chaque année dans la revue *Archives de philosophie* et se consulte sur le site http : //www.cartesius.net. Ce site propose également une *Bibliographie cartésienne (1997-2012)*.

On trouve à la fin de KAMBOUCHER, DE BUZON et CASSAN éd. 2015 une fort utile bibliographie sélective, thématique et raisonnée.

ALQUIÉ F., 1950 [1966-2] : *La Découverte métaphysique de l'homme chez Descartes*, Paris, P.U.F.
ANTOINE-MAHUT (KOLESNIK) D. et DRIEUX Ph., 1998 : *Les Passions de l'âme. Première partie*, Paris, Ellipses

ARIEW R., 1992 : « Descartes and the Tree of Knowledge », p. 101-116 dans *Synthèse*

ARIEW R. ET GRENE M. éd., 1995 : *Descartes and his Contemporaries. Meditations, Objections and Replies*, Chicago, University of Chicago Press

ARMOGATHE J.-R., 1977 : *Theologia cartesiana. L'explication physique de l'Eucharistie chez Descartes et dom Desgabets*, La Haye, Nijhoff

ARMOGATHE J.-R. et BELGIOIOSO G. éd, 1996 : Descartes : *Principia Philosophiae (1644-1994)*, Naples, Vivarium

ARMOGATHE J.-R., BELGIOIOSO G. et VINTI C. éd., 1999 : *La Biografia Intellettuale di René Descartes attraverso la* Correspondance, Naples, Vivarium

AUCANTE V., 2006 : *La Philosophie médicale de Descartes*, Paris, P.U.F.

AZOUVI F., 2002 : *Descartes et la France. Histoire d'une passion nationale*, Paris, Fayard

BAILLET A., 1691 : *La Vie de Monsieur Descartes*, 2 vol., Paris, Horthemels (réimpression New York, Olms, 1972 ; réédition Paris, éditions des Malassis, 2012)

– 1692 : *La Vie de Monsieur Descartes. Réduite en abrégé*, Paris, Bouillerot-Cellier, (réédition sous le titre *Vie de Monsieur Descartes*, Paris, La Table Ronde, 1992)

BALIBAR É., 1992 : « *Ego sum, ego existo*. Descartes au point d'hérésie », p. 77-123 dans *Bulletin de la société française de Philosophie*

BEYSSADE J.-M., 1979 : *La Philosophie première de Descartes*, Paris, Flammarion

– 1987 : « Certitude et fondement. L'évidence de la raison et la véracité divine dans la métaphysique du *Discours de la méthode* », p. 341-364 dans GRIMALDI N. et MARION J.-L., 1987

– 2001 : *Descartes au fil de l'ordre*, Paris, P.U.F.

– 2001-2 : *Études sur Descartes. Histoire d'un esprit*, Paris, Seuil

BEYSSADE J.-M. et MARION J.-L. éd., 1994 : *Descartes. Objecter et répondre*, Paris, P.U.F.

BEYSSADE M., 1997 : « Sur le début de la méditation troisième […] De la certitude au doute », p. 575-585 dans *Laval théologique et philosophique*

BIARD J. et RASHED M. éd, 1997 : *Descartes et le Moyen Âge*, Paris, Vrin

BITBOL-HESPÉRIÈS A., 1990 : *Le Principe de vie chez Descartes*, Paris, Vrin

BLANCHET L., 1920 : *Les Antécédents historiques du « Je pense, donc je suis »*, Paris, Alcan (réimpression, Paris, Vrin, 1985)

BOUCHILLOUX H., 2003 : *La Question de la liberté chez Descartes. Libre arbitre, liberté et indifférence*, Paris, Champion

– 2011 : *L'Ordre de la pensée. Lecture des* Méditations métaphysiques *de Descartes*, Paris, Hermann

BUZON F. DE, 2013 : *La Science cartésienne et son objet. Mathesis et phénomène*, Paris, Champion

CAHNÉ P.-A., 1980 : *Un autre Descartes. Le philosophe et son langage*, Paris, Vrin

CARRAUD V., 2002 : *Causa sive ratio. La raison de la cause, de Suarez à Leibniz*, Paris, P.U.F.

CARRAUD V. et DE BUZON, F., 1994 : *Descartes et les « Principia » II. Corps et mouvement*, Paris, P.U.F.

CLARKE D. M., 1982 : *Descartes'Philosophy of Science*, University Park, The Pennsylvania State UP

– 2006 : *Descartes. A Biography*, Cambridge, Cambridge UP

COSTABEL P., 1982 : *Démarches originales de Descartes savant*, Paris, Vrin

COTTINGHAM J., 1992, éd. : *The Cambridge Companion to Descartes*, Cambridge, Cambridge UP

– 2008 : « Cartesian Trialism », p. 173-187 dans *Cartesian Reflections. Essays on Descartes's Philosophy*, Oxford, Oxford UP

DERRIDA J., 1967 : « Cogito et histoire de la folie », p. 51-97 dans *L'Écriture et la différence*, Paris, Seuil

DEVILLAIRS L., 2004 : *Descartes et la connaissance de Dieu*, Paris, Vrin

– 2013 : *René Descartes*, Paris, P.U.F.

DUMONT P., 1997 : *Descartes et l'esthétique. L'art d'émerveiller*, Paris, P.U.F.

FAYE E., 1998 : *Philosophie et perfection de l'homme. De la Renaissance à Descartes*, Paris, Vrin

FOUCAULT M., 1964 : *Histoire de la folie à l'âge classique*, Paris, U.G.E

– 1972 : « Mon corps, ce papier, ce feu », Appendice II p. 583-603 de la réédition de l'*Histoire de la folie*, Paris, Gallimard ; repris p. 1113-1136 dans *Dits et Écrits I. 1954-1975*, Paris, Gallimard, 2001

GARBER D., 1999 : *Descartes'Metaphysical Physics*, Chicago, The University of Chicago Press ; trad. fr. *La Physique métaphysique de Descartes*, Paris, P.U.F., 1999

– 2001 : *Descartes Embodied. Reading Cartesian Philosophy through Cartesian Science*, Cambridge, Cambridge UP ; trad. fr. *Corps cartésiens*, Paris, P.U.F., 2004

GASPARRI G., 2007 : *Le Grand paradoxe de M. Descartes. La teoria cartesiana delle verità eterne nell'Europa del XVII secolo*, Florence, Olschki

GAUKROGER S., 1995 : *Descartes. An Intellectual Biography*, Oxford, Clarendon Press

GILSON É., 1913-1 : *La Liberté chez Descartes et la théologie*, Paris, Alcan ; réimpression, Paris, Vrin, 1983

– 1913-2 : Index scolastico-cartésien, Paris, Alcan ; réimpression, Paris, Vrin, 1979

– 1925 : *Discours de la méthode. Texte et commentaire*, Paris, Vrin

GOUHIER H., 1924 : *La Pensée religieuse de Descartes*, Paris, Vrin

– 1937 : *Essais sur Descartes*, Paris, Vrin

– 1962 : *La Pensée métaphysique de Descartes*, Paris, Vrin

GRENE M., 1985 : *Descartes*, Minneapolis, University of Minessota Press (réed. 1998, Hackett Publishing Company)

GRIMALDI N., 1988 : *Six études sur la volonté et la liberté chez Descartes*, Paris, Vrin

GRIMALDI N. et MARION J.-L. éd., 1987 : *Le Discours et sa méthode*, Paris, P.U.F.

GUENANCIA P., 1983 : *Descartes et l'ordre politique*, Paris, P.U.F. ; réed. Paris, Gallimard, 2012

– 1996 : *Descartes. Bien conduire sa raison*, Paris, Gallimard

– 2000 : *Lire Descartes*, Paris, Gallimard

GUEROULT M., 1953 : *Descartes selon l'ordre des raisons*, 2 vol., Paris, Aubier

HALLYN F. éd, 1995 : *Les 'Olympiques'de Descartes*, Genève, Droz

HINTIKHA J., 1962 : « *Cogito, ergo sum* : Inference or Performance ? », p. 3-32 dans *Philosophical Review* ; trad. fr. « *Cogito, ergo sum*, inférence ou performance ? », p. 21-51 dans *Philosophie*, 1985

JULLIEN V., 1996 : *Descartes. La Géométrie de 1637*, Paris, P.U.F.

KAMBOUCHNER D., 1995 : *L'Homme des Passions*, 2 vol. Paris, Albin Michel

– 2005 : *Les Méditations métaphysiques de Descartes*, Paris, P.U.F.

– 2008 : *Descartes et la philosophie morale*, Paris, Hermann

– 2015 : *Descartes n'a pas dit*, Paris, Les Belles Lettres

– 2015-2 : « L'Horizon politique », p. 385-412 dans KAMBOUCHNER D., BUZON F. DE et CASSAN E. éd., 2015

KAMBOUCHNER D., BUZON F. DE, 2002 : *Le Vocabulaire de Descartes*, Paris, Ellipses

KAMBOUCHNER D., DE BUZON F. et CASSAN E. éd., 2015 : *Lectures de Descartes*, Paris, Ellipses

KOLESNIK-ANTOINE D., 2011 : *Descartes. Une politique des passions*, Paris, P.U.F.

LAPORTE J., 1945 : *Le Rationalisme de Descartes*, Paris, P.U.F.

– 1951 : « La Liberté selon Descartes », p. 37-87 dans *Études d'histoire de la philosophie française au XVIIᵉ siècle*, Paris, Vrin

LAUTH R., 1998 : *Descartes'Konzeption des Systems der Philosophie*, Stuttgart, Frommann-Holzboog ; trad. fr. *La Conception cartésienne du système de la philosophie*, Paris, Champion, 2004

LEROY M., 1929 : *Descartes, Le philosophe au masque*, 2 vol., Paris, Rieder

MACHEREY P., 2014-1 : « Le débat Alquié-Gueroult autour de la question du *cogito* », p. 13-32 dans *Querelles cartésiennes*, Villeneuve d'Ascq, Presses Universitaires du Septentrion

– 2014-2 : « Le Débat Foucault-Derrida autour de l'argument de la folie et du rêve », p. 33-53, *ibid.*

– 2014-3 : « Descartes, philosophe français ? », p. 71-112, *ibid.*

MARION J.-L., 1975 : *Sur l'ontologie grise de Descartes*, Paris, Vrin

– 1981 : *Sur la théologie blanche de Descartes*, Paris, P.U.F.

– 1986 : *Sur le prisme métaphysique de Descartes*, Paris, P.U.F.

– 1996 : *Questions cartésiennes II*, Paris, P.U.F.

MARITAIN, J., 1925 : *Trois réformateurs : Luther, Descartes, Rousseau*, Paris, Plon

MÉCHOULAN H. éd., 1988 : *Problématique et réception du Discours de la méthode et des Essais*, Paris, Vrin

MEHL E., 2009 : *Descartes et la visibilité du monde. Les Principes de la Philosophie*, Paris, P.U.F.

MILHAUD G., 1921 : *Descartes savant*, Paris, Alcan

MOREAU D., 2012 : *Dans le milieu d'une forêt. Essai sur Descartes et le sens de la vie*, Paris, Bayard

– 2015 : « L'Idée de la philosophie », p. 19-40 dans KAMBOUCHNER, DE BUZON et CASSAN éd., 2015

MORGAN V. G., 1994 : *Foundations of Cartesian Ethics*, Atlantic Higlands, New Jersey Humanities Press

NADLER S., 2011 : *Occasionalism. Causation among the Cartesians*, Oxford, Oxford UP

– 2013 : *The Philosopher, the Priest and the Painter. A Portrait of Descartes*, Princeton et Oxford, Princeton University Press ; trad. fr. *Le Philosophe, le prêtre et le peintre. Portrait de Descartes au Siècle d'or*, Paris, Alma, 2015

NANCY J.-L., 1979 : *Ego sum*, Paris, Aubier-Flammarion

PERLER D., 1998 : *René Descartes*, Munich, Beck

RABOUIN D., 2009 : Mathesis Universalis. *L'idée de "mathématique universelle" d'Aristote à Descartes*, Paris, P.U.F.

RENAULT L., 2000 : *Descartes ou la félicité volontaire*, Paris, P.U.F.

RISSI S., 2005 : *Descartes und das Problem der Philosophie*, Bâle, Schwabe Verlag

RODIS-LEWIS, G., 1950 : *Le Problème de l'inconscient et le cartésianisme*, Paris, P.U.F.

– 1957 : *La Morale de Descartes*, Paris, P.U.F.

– 1971 : *L'Œuvre de Descartes*, 2 vol. Paris, Vrin (rééd. en un volume, 2013)

1985 : *Idées et vérités éternelles chez Descartes et ses successeurs*, Paris, Vrin

1995 : *Descartes*, Paris, Calmann-Lévy ; rééd. CNRS éditions, 2010

ROYAUMONT 1957 : (collectif), *Cahier de Royaumont « Descartes »*, Paris, Minuit

SARTRE J.-P., 1947 : « La Liberté cartésienne », p. 314-335 dans *Situations I*, Paris, Gallimard

SASAKI C., 2003 : *Descartes's Mathematical Thought*, Dordrecht, Kluwer

SCHMALTZ T. M., 2008 : *Descartes on Causation*, Oxford, Oxford UP, 2008

SCHUSTER J. L., 1980 : « "Descartes" *Mathesis universalis*, 1619-1628 » p. 41-96 dans S. GAUKROGER éd., *Descartes :*

Philosophy, Mathematics and Physics, Brighton, Harvester Press

SCRIBANO E., 1997 [2010-2] : *Guida alle* Meditazioni *Metafisiche di Descartes*, Rome, Laterza, 1997

SÉRIS J.-P., 1987 : « Descartes et la mécanique », p. 29-66 dans le *Bulletin de la Société française de philosophie*

SPALLANZANI M., 2015 : *Descartes. La règle de la raison*, Paris, Vrin

VERBEEK T. éd : *Descartes et Regius. Autour de L'explication de l'esprit humain*, Amsterdam, Rodopi, 1993

VUILLEMIN J., 1960 (1987-2) : *Mathématiques et métaphysique chez Descartes*, Paris, P.U.F.

WEBER J.-P., 1964 : *La Constitution du texte des* Regulae, Paris, SEDES

WICKES H. J. et CROMBIE A. C., 1988 : « L'Expérience dans la philosophie naturelle de Descartes », p. 65-79 dans MÉCHOULAN éd., 1988

WILSON C., 2003 : *Descartes's* Meditations. *An Introduction*, Cambridge, Cambridge UP

INDEX RERUM

TABLE DES MATIÈRES

Imprimé en France par CPI
en mars 2016

Dépôt légal : mars 2016
N° d'impression : 134164